Patrick Artus
Marie-Paule Virard

EURO : PAR ICI LA SORTIE ?

Les vraies options pour la France et l'Europe

Fayard

Ouvrage édité sous la direction d'Olivier Pastré.

Couverture : un chat au plafond

ISBN : 978-2-213-70218-6

Introduction

« Nous sommes sur le *Titanic*, votez ! » L'humour grinçant d'un passager du métro londonien exhortant ses compatriotes à monter dans le canot du *Leave* pour quitter l'Europe en catastrophe, en ce matin du 23 juin 2016, en dit long sur le désamour qui frappe l'Union européenne. Bien sûr, il s'agissait des propos d'un citoyen anglais et chacun sait, depuis leur adhésion en 1973, que nos « amis » britanniques n'ont jamais rechigné à entonner, comme la plus française de leurs compatriotes, le refrain du « Je t'aime, moi non plus »... Il n'empêche ! En cette morne journée de juin 2016, le Royaume-Uni est devenu le porte-parole de tous ceux qui, en Europe, rejettent la construction européenne, ses pompes et ses œuvres, et ne rêvent que de reconquérir ce qu'ils considèrent comme leur liberté et leur souveraineté, l'une n'allant pas sans l'autre.

L'euroscepticisme gagne du terrain un peu partout en Europe et les partis populistes de droite et de gauche, qui sont la plupart du temps contre la construction européenne, sont devenus des forces politiques importantes sur le continent. En France, le Front national arrive en tête de tous les partis politiques, quels que soient les sondages, et Marine Le Pen a déjà fait savoir que, en cas de victoire à l'élection présidentielle, elle organiserait un référendum sur la sortie de l'euro. Et qui aurait pu imaginer qu'un parti populiste et antieuropéen, l'AfD, percerait en Allemagne au point de rassembler près de 21 % des suffrages aux élections régionales de septembre 2016 ? Si ce désenchantement à l'égard de la construction européenne n'est pas un phénomène nouveau, il est aggravé par la conjonction de plusieurs facteurs. Une cure d'austérité qui dure depuis huit longues années avec un chômage persistant en Europe du Sud. Une immigration qui prolifère avec la déstabilisation à l'est et au sud de la Méditerranée. Un rejet croissant de la bureaucratie bruxelloise, sans oublier le sentiment qu'ont les opinions publiques d'être peu à peu dépossédées de leur souveraineté et méprisées par les classes dirigeantes.

Frustrations et rancœurs ont trouvé de nombreuses occasions de s'exprimer en 2016 : référendum aux Pays-Bas, crise gouvernementale en Espagne, nouvelles tensions entre Athènes et la « Troïka », référendum italien avec le rejet de la réforme constitutionnelle, conflit entre les pays de l'Union européenne sur les conditions d'accueil des réfugiés. Chaque percée, chaque victoire des antieuropéens a donné un élan supplémentaire aux partis populistes, qui campent déjà aux portes du pouvoir dans plusieurs États membres. Et ce n'est pas fini. Les élections législatives aux Pays-Bas en mars 2017, les élections générales en France en mai-juin et fédérales en Allemagne au mois de septembre promettent, elles aussi, de belles empoignades autour de la question européenne.

La création de l'euro, une tragique erreur ?

Le désenchantement pour la construction européenne et l'aspiration au repli national se sont installés dans le paysage, particulièrement en Grèce, en France et en Espagne, tandis que fleurissent les néologismes comme autant de ruptures annoncées : *Nexit* (pour *Nederland Exit*) aux Pays-Bas, *Frexit* (pour *France Exit*) en France, au fur et à mesure que la parole eurosceptique, voire europhobe, se libère. Par ici la sortie ?

En pleine année de campagne présidentielle, la France ne fait pas exception à la règle. Dans tous les débats, dans tous les meetings, sur tous les médias, « la » question taraude l'opinion : la création de l'euro ne fut-elle pas une tragique erreur et ne faut-il pas « en sortir » au plus vite ? Une tentation de la rupture alimentée dans l'opinion par de nombreux responsables politiques, de Marine Le Pen à Jean-Luc Mélenchon, mais aussi par un certain nombre d'économistes de tous horizons, de Jean-Jacques Rosa à Jacques Sapir en passant par André Orléan et Alain Cotta, sans oublier toute une série de prix Nobel étrangers, notamment Joseph Stiglitz et Milton Friedman.

Pour l'homme de la rue, l'Europe s'est incarnée pendant près de vingt ans à travers deux décisions très concrètes qui lui ont facilité la vie : la libre circulation des hommes avec l'espace Schengen et la création de l'euro. Or, ces deux symboles sont en crise. Non seulement la libre circulation a favorisé le dumping social à l'intérieur de l'Union, mais l'immigration venue de l'extérieur a révélé les failles du système. De même, les conditions de mise en œuvre de l'union monétaire ont mis à mal les économies les plus fragiles. Comment s'étonner, dès lors, que ces ratés soient récupérés par les eurosceptiques ? Le charme télégénique d'Erasmus ne pèse pas lourd face à ce qui est vécu comme une « menace » migratoire de première grandeur pour la sécurité de chacun (y compris sur le plan économique). Quant aux dégâts provoqués par la monnaie unique sur le niveau de vie des classes moyennes dans les pays du Sud, ils creusent une fracture sociale inquiétante, entre les pays européens comme à l'intérieur de chaque pays.

En France, par exemple, près d'un ouvrier sur deux (48 %) se déclare en faveur d'une sortie de l'Union européenne, tandis que près de deux sur trois (61 %) plaident pour que l'on consulte les Français par référendum. Un souhait partagé par 59 % des chômeurs[1].

Ces chiffres expriment mieux qu'un long discours le divorce entre les classes populaires et l'Europe. À l'heure de l'économie mondialisée, l'Union donne le sentiment d'être incapable d'enrayer le déclin économique et social d'un continent bringuebalé dans la grande lessiveuse d'une mondialisation qui rebat les cartes en profondeur. Bousculés par ce grand chambardement, les citoyens européens n'ont plus le sentiment d'être protégés. Ils perçoivent au contraire une Communauté européenne tatillonne sur les détails, mais impuissante sur les grands sujets de l'heure. Sensibles à la rhétorique sur le déficit démocratique des institutions européennes, ils sont de plus en plus désabusés après tant de promesses non tenues, tant d'occasions manquées, tant d'envolées lyriques jamais suivies d'effets.

Encore marqués par les stigmates de la guerre, les pères fondateurs et les premières générations d'Européens étaient séduits, eux, par les promesses de fraternité associées au rêve européen et il leur plaisait

1. « Après le Brexit, quelles perspectives pour l'UE en France ? », CSA Research pour *La Croix*, juin 2016.

de croire, avec Victor Hugo, qu'un jour viendrait « où toutes les nations du continent, sans perdre leurs qualités distinctes et leur glorieuse individualité, se fond[raient] étroitement dans une unité supérieure et constitue[raient] la fraternité européenne[1] ».

Confrontées aux difficultés croissantes de la vie quotidienne, les nouvelles générations sont lasses des beaux discours. Elles veulent du concret, pas du Victor Hugo ! Il y a longtemps que l'idée de fraternité européenne a commencé à s'étioler, rongée par les inégalités, minée par l'impuissance, bientôt anéantie par la désespérance. Elle laisse la place à un euroscepticisme plus ou moins vengeur, fondé sur les déceptions accumulées et sur le rejet des élites et des dirigeants.

UN *STATU QUO* INTENABLE

L'Europe, ce grand corps malade, jette-t-elle vraiment ses derniers feux? En tout cas, il est difficile d'ignorer que nous entrons dans une phase décisive pour l'avenir du continent, engagé dans une course de vitesse avec les populistes de tous bords qui veulent lui faire un sort. Tous, partisans comme adversaires de la sortie, sont désormais conscients que le *statu quo* est devenu intenable et qu'il ne suffira pas, cette fois,

1. Discours au Congrès de la paix, 21 août 1849.

de bricoler des compromis, de désamorcer les contestations et de naviguer à vue en donnant de temps en temps le sentiment de tenir compte des critiques exprimées ici ou là. Soixante-dix ans après la fin de la Seconde Guerre mondiale, la construction européenne n'est pas loin de son heure de vérité. Plusieurs scénarios sont possibles et la campagne présidentielle constitue un temps fort pour y réfléchir sérieusement.

Bien sûr, la crise européenne présente différents visages. Sur le plan politique, c'est l'échec d'une organisation et d'une pratique qui articuleraient la démocratie qui fait vivre les nations au quotidien avec une démocratie européenne qui reste à construire. Sur le plan international, c'est l'absence depuis l'origine d'une Europe capable d'exister stratégiquement pour défendre ses intérêts dans le monde du XXIe siècle. Sur le plan économique, sujet qui nous intéresse ici, c'est l'échec de l'union économique et monétaire à honorer sa promesse : permettre aux citoyens européens de vivre mieux et de préparer l'avenir de leurs enfants.

Il est aujourd'hui nécessaire de comprendre comment l'Europe est arrivée au bord de la dislocation, et la zone euro avec elle. De comprendre aussi pourquoi les déséquilibres s'accentuent et les inégalités se creusent, pourquoi l'économie européenne décroche par rapport à toutes les grandes économies des pays avancés (le PIB en volume a retrouvé son niveau d'avant la crise en 2011 en France et en 2015 dans la zone euro).

Bien sûr, on peut toujours considérer que les gouvernements nationaux ont pris, au cours des dernières années, les mauvaises décisions de politique économique. Mais là n'est pas la seule explication de la crise à laquelle l'Europe et surtout la zone euro sont aujourd'hui confrontées.

Dès le départ, les fondateurs n'ont pas assez réfléchi aux conditions qui étaient nécessaires au bon fonctionnement d'une union monétaire. Ils ont considéré que la maîtrise des finances publiques et le contrôle de l'inflation suffiraient à assurer le bon fonctionnement du système. Il ne leur restait donc plus qu'à imposer des règles budgétaires strictes et à créer une banque centrale indépendante pour mieux veiller sur les prix, tout en confiant au marché le soin de corriger les autres déséquilibres. Mais la mise en place d'une union monétaire, c'est-à-dire d'un écosystème où les pays ne peuvent plus ajuster leurs économies grâce aux taux de change et aux taux d'intérêt, requiert de maîtriser bien d'autres éléments.

L'Europe gît sur le flanc comme Gulliver à Lilliput

Dans cet ouvrage, nous voulons approfondir ce qui nous paraît être les cinq points faibles de la construction monétaire européenne : l'absence de coordination pertinente des politiques économiques (avec son corollaire, le mauvais usage du « principe de subsidiarité ») ; le refus de tout fédéralisme comme réponse nécessaire à l'hétérogénéité et à la divergence des niveaux de revenus entre les pays ; la disparition de la mobilité du capital entre les pays de la zone euro, vertu première de toute union monétaire et seule susceptible de permettre une allocation optimale de l'épargne vers les projets d'investissement les plus efficaces ; les ravages réalisés par le dogmatisme et la bureaucratie ; enfin, la défaillance du grand marché unique commercial et financier, qui « est loin d'avoir libéré tout son potentiel », pour reprendre une expression typiquement bruxelloise.

Cinq maillons faibles auxquels il convient d'ajouter un sixième, qui n'a rien à voir avec la construction européenne, mais que les Européens inscrivent sans hésiter à son débit : une bipolarisation inédite du marché du travail qui lamine les emplois intermédiaires et appauvrit irrésistiblement la classe moyenne de nos pays. Un défi auquel les dirigeants européens ont le devoir d'apporter une réponse spécifique, à la hauteur du modèle social de ce continent.

Comment sortir de cette impasse… par le haut ? Certains, conscients que le projet européen n'a jamais enflammé les foules, sont tentés de parier sur un repli en bon ordre, repli dans lequel ils veulent voir la promesse d'une renaissance… nationale. D'autres, plus optimistes quant à l'avenir du continent (et dont nous sommes), veulent croire qu'au bord du gouffre nos dirigeants cesseront d'être obnubilés par les petites règles et les grands équilibres pour refonder une zone euro soudée, efficace et prospère. L'explosion de l'Europe et surtout de la zone euro serait une folie aux coûts économiques et sociaux incalculables, et nous essaierons d'expliquer pourquoi les partis populistes européens ont tort de tenter de convaincre les citoyens européens que la liquidation de la monnaie unique leur apporterait davantage de bien-être et de prospérité.

En revanche, il est urgent de transformer la monnaie unique en instrument de création de richesses et d'emplois – et, pour cela, de modifier radicalement le cours de la construction européenne. « Nous devons délivrer l'Europe de ce qu'elle est devenue. » La formule de l'ancien ministre de l'Économie, Emmanuel Macron, à l'occasion d'une interview au journal *Le Monde*[1], est suffisamment évocatrice pour que nous la reprenions à notre compte. Elle invite à refonder un projet, une ambition, de nature à redonner à l'Europe les moyens de permettre à ses citoyens de vivre mieux, à sa jeunesse de se construire un avenir et au continent de rayonner dans le monde. Et, même si notre propos sera essentiellement économique,

1. 19 juin 2016.

dans notre esprit cette refondation, et les choix économiques qu'elle sous-tend, supposent aussi – et peut-être d'abord – de revisiter en profondeur l'organisation institutionnelle et politique de l'Europe, et en particulier les rôles respectifs du Parlement, de la Commission et du Conseil des chefs d'État et de gouvernement.

Les dirigeants européens sont plus que jamais sous le regard des peuples, et leur responsabilité est immense. L'Europe reste un géant économique au potentiel considérable, mais elle gît sur le flanc, comme Gulliver à Lilliput, paralysée par des nains politiques. Dans cette fable, Swift moquait les divisions débiles des Lilliputiens. L'Europe se meurt, en effet, faute d'un projet en phase avec le XXIe siècle et, surtout, de dirigeants capables de faire de la solidarité le levier qui permettra aux Européens de venir à bout de la crise mortifère dans laquelle ils sont plongés pour se mobiliser sur un dessein collectif. Voilà bien la grande affaire des années à venir. Soit, en se réformant en profondeur, notre continent se donne les moyens d'être un pôle de prospérité et de stabilité dans un monde de plus en plus imprévisible, soit elle enterre plus d'un demi-siècle d'utopie communautaire. Pour notre plus grand malheur.

Chapitre I

Quand Bruxelles se mêle de tout et (surtout) de rien

« Et maintenant, Bruxelles s'en prend au rôti du dimanche ! » Ce matin-là, l'éditorialiste du *Daily Mail* est au bord de la crise de nerfs. Et il n'est pas le seul. À quelques jours du référendum sur le maintien ou non de la Grande-Bretagne dans l'Union européenne, tous les tabloïds sans exception se déchaînent contre cette nouvelle intrusion inadmissible de Bruxelles dans la *British way of life*. Non contents de s'attaquer à la sacro-sainte bouilloire électrique dans laquelle tout bon Anglais fait chauffer l'eau de son thé et aux grille-pain qui lui servent à préparer les toasts du breakfast, voilà que les technocrates de Bruxelles s'en prennent au rôti du dimanche en prétendant réglementer la puissance des fours ! La mobilisation sera générale : défense de l'écologie ou pas, il s'agit de faire subir à cette offensive le même sort que celui qui sera finalement réservé à celle menaçant les grille-pain et autres accessoires ménagers : un repli en bon ordre de la Commission européenne, soucieuse de ne pas déclencher une tempête dans une tasse de thé en pleine campagne du *Brexit.* Aux dernières nouvelles, Bruxelles a fait machine arrière en renonçant en octobre dernier à s'attaquer à la batterie du petit déjeuner !

Jamais sans doute les Britanniques ne s'étaient plongés avec une telle assiduité dans les textes des directives et autres règlements européens. Et, il faut bien le dire, ils n'ont pas été déçus. On ne compte plus les perles que les partisans du *Leave* les plus acharnés ont réussi à dénicher dans les kilomètres de directives, règlements et autres normes que le Berlaymont, le siège de la Commission européenne, produit quasiment en continu. Autant de trouvailles qui ont fait les délices des médias, lesquels n'ont pas hésité à faire « mousser » toute une série de révélations – souvent véridiques, hélas, mais aussi souvent outrancières, voire carrément fausses. Mais si les *Brexiters*, et leur figure de proue Boris Johnson en tête (aujourd'hui ministre des Affaires étrangères du gouvernement May), ont si bien su jouer avec les fantasmes les plus fous de leurs compatriotes (la liste est tellement longue que la Commission a créé un blog pour les répertorier un à un et les démonter[1]), c'est

1. blogs.ec.europa.eu/EcintheUK/euromyths-a-z-index.

tout de même parce que, depuis longtemps, Bruxelles se mêle de tout et de rien. Surtout de rien.

Des pages entières de normes plus délirantes les unes que les autres

Depuis maintenant des décennies, les fonctionnaires bruxellois sont rarement en retard d'une idée lorsqu'il s'agit d'imaginer une nouvelle directive. Non seulement ils se donnent un mal de chien pour contrôler l'application de centaines de milliers de normes et autres règles que la Commission a pondues au fil des années, mais ils en ajoutent entre 1 500 et 2 000 chaque année, histoire de ne pas perdre la main. Ainsi, les aventures du règlement n° 2257/94 qui précise en long et en large (c'est le cas de le dire) les conditions de vente de la banane ont pratiquement fait le tour du monde. Taille, mûrissement, diamètre, longueur, emballage… Des pages entières de normes de qualité plus délirantes les unes que les autres. Mais on pourrait en dire autant pour les textes qui s'intéressent de près aux croûtes de fromage, aux essuie-glaces des tracteurs agricoles, au poids des concombres cultivés en plein air, au débit idéal des chasses d'eau et pommeaux de douche… Sans oublier la forme, la taille et la texture de la pizza Margherita ! Et, comme en matière de bureaucratie le pire est (presque) toujours certain, les pays membres n'hésitent pas à sur-transposer ces directives dans leur droit national. En France, championne dans le domaine, on ne dénombre pas moins de 400 000 normes techniques assorties de textes encore plus complexes que ceux de Bruxelles !

Cette dérive bureaucratique est évidemment pain bénit pour les eurosceptiques de tout poil. Au point que Jean-Claude Juncker, le président de la Commission européenne, se voit contraint de battre sa coulpe régulièrement : « Une des raisons pour lesquelles les citoyens européens s'éloignent du projet européen est due au fait que nous interférons dans trop de domaines dans leur vie privée et dans trop de domaines dans lesquels les États membres sont mieux placés pour agir. Nous avons eu tort de réglementer à outrance et de trop interférer dans la vie de nos citoyens[1]. »

Le plus grand désordre règne en effet sur la manière dont sont prises les décisions de politique économique, tandis que l'on a perdu de vue un point majeur de l'esprit originel du Traité : quelles sont les fonctions qui sont le mieux assurées, les décisions qui sont le mieux prises, au niveau central (Bruxelles) ou au niveau local (national) ? Autrement dit, on a complètement oublié l'importance du « principe de

1. Devant le Conseil européen, le 19 avril 2016.

subsidiarité » – encore un concept qui fleure bon la technocratie pour exprimer une vérité toute simple, à savoir qu'il est essentiel de localiser la source du pouvoir au niveau le plus proche de ses effets pratiques, et de ne faire remonter à un niveau plus large que les décisions qui ne peuvent être prises localement.

Le principe de subsidiarité, d'Aristote à *Rerum novarum*

Subsidiarité ? L'affaire est entendue : nous n'avons pas choisi de commencer par la notion la plus facile pour évoquer les ratés de la construction européenne. Inutile d'espérer en dénicher la définition dans *L'Économie pour les nuls,* où elle brille plutôt par son absence ! Pourtant, l'idée de subsidiarité n'est pas tout à fait nouvelle. Sa racine latine (*subsidium*, aide, réserve) suggère une troupe de réserve, une autorité qui intervient en appoint, mais seulement en cas de besoin, qui ne s'exerce que pour pallier l'insuffisance d'une autorité plus petite. Sous différentes formes et à diverses époques, elle a exprimé une approche philosophique selon laquelle, en démocratie, les problèmes doivent être traités au plus proche des citoyens.

On la repère déjà dans la littérature épique grecque (dans l'*Iliade*, Homère utilise le concept pour décrire l'entraide entre clans) et chez Aristote, qui développa le principe d'autonomie de (et dans) la Cité dans l'*Éthique à Nicomaque* et *Les Politiques*. Espace politique total, la Cité est, pour le précepteur d'Alexandre, l'unique entité autonome, donc parfaite (l'autonomie étant, chez les anciens Grecs, synonyme de perfection), au sein de laquelle le citoyen peut exprimer ses potentialités en vue du bien commun. Thomas d'Aquin reprendra l'antique principe à son compte, avec toutefois une nuance importante : la Cité est remplacée par la personne comme « substance première », car l'homme transcende toute appartenance de par son rapport intime et individuel à Dieu, et plus les décisions sont prises au niveau où les problèmes se posent à la personne, plus celle-ci a la maîtrise de ses actes.

Plus près de nous, au début du XVIIe siècle, c'est un philosophe calviniste allemand, Johannes Althusius, syndic municipal d'Emden, en Frise orientale, qui publie *Politica methodice digesta* (La Politique exposée de façon méthodique). Cet ouvrage majeur fera de lui l'un des précurseurs du principe de subsidiarité et le père du fédéralisme moderne. Considérant que pour être solidaire il faut, par-dessus tout, être libre et autonome, il défend l'idée d'une société humaine constituée non d'individus, mais de communautés s'articulant autour d'un principe d'harmonie, et souligne la nécessité d'une autonomie de ces communautés vis-à-vis des pouvoirs centraux. À l'époque, l'Allemagne se compose d'une multitude de petits États, de villes franches et autres royaumes minuscules. Il s'agit de veiller à ce que l'État central n'intervienne pas à l'intérieur de ces communautés, mais s'occupe uniquement des tâches qui relèvent de ses compétences : la paix, la défense, la police, la monnaie. Dans l'esprit d'Althusius, la subsidiarité sert à établir la concorde, à consolider le tissu social et à désamorcer les tentations à la fois centralisatrices et absolutistes, ce principe constituant un frein à toute dérive totalitaire.

Cette approche trouvera un prolongement deux siècles plus tard chez Proudhon, lequel fera du principe de subsidiarité l'antidote au centralisme étatique, qu'il soit démocratique ou monarchique. C'est également à cette époque qu'émerge la doctrine sociale de l'Église qui, elle aussi, notamment avec l'encyclique *Rerum novarum* de Léon XIII (1891), fait de la subsidiarité l'un des moyens de dépasser la confrontation entre capitalisme et socialisme en jetant les bases d'un humanisme respectueux de la diversité et de la richesse du corps social. Une doctrine que l'on retrouve sous la plume du pape Pie XI dans son encyclique *Quadragesimo anno* (1931).

Quoique née au XIXe siècle sous sa dénomination actuelle, l'idée de subsidiarité trouve donc ses fondements à la fois dans l'esprit grec, dans la philosophie chrétienne médiévale et dans la vision germanique de la société. « Quand l'État apparaît, on lui demande de suppléer aux défaillances et de symboliser les finalités qui sont à tous, sans se mêler de celles qui sont à chacun », résume la philosophe Chantal Delsol dans *L'État subsidiaire*[1]. Prenant sa source aux origines de la pensée politique européenne, il était logique que la subsidiarité s'invite dans l'histoire politique, économique et sociale de l'Europe, dès lors que l'émergence de l'institution européenne posait le problème de la coexistence d'instances autonomes et souveraines sous un dessein commun. La question de l'attribution des compétences ne pouvait qu'inciter les pères fondateurs à se tourner vers ce concept pour tenter de l'organiser.

La subsidiarité selon Maastricht

Le « principe de subsidiarité » qui nous préoccupe aujourd'hui fait une apparition dès 1986 dans l'Acte unique, sous l'influence des sociaux-démocrates (Jacques Delors, président de la Commission européenne, est souvent considéré comme le « père » du principe de subsidiarité), mais la plupart des Français en entendent parler pour la première fois à l'occasion de la signature du Traité sur l'Union européenne, dit traité de Maastricht, du 7 février 1992. Son article 5-3

1. PUF, 1992.

vise à rationaliser l'exercice des compétences et à rapprocher le système du citoyen : « La Communauté agit dans les limites des compétences qui lui sont conférées et des objectifs qui lui sont assignés par le présent traité. Dans les domaines qui ne relèvent pas de sa compétence exclusive, la Communauté n intervient, conformément au principe de subsidiarité, que si et dans la mesure où les objectifs de l'action envisagée ne peuvent pas être réalisés de manière suffisante par les États membres et peuvent donc, en raison des dimensions ou des effets de l'action envisagée, être mieux réalisés au niveau communautaire. L'action de la Communauté n'excède pas ce qui est nécessaire pour atteindre les objectifs du présent traité. »

Concrètement, le principe de subsidiarité se veut principe d'efficacité. Il a pour objectif que les décisions prises dans l'UE le soient au niveau le plus efficace, le plus pertinent et le plus proche possible des citoyens, tout en rassurant ceux qui pouvaient être effrayés par les risques de dérive centralisatrice et bureaucratique bruxelloise. Au passage, il prenait aussi à rebours le rationalisme technocratique qui avait dominé la pensée économique moderne du XXe siècle, tandis que des travaux scientifiques venaient corroborer, si besoin était, le lien entre proximité et efficacité. Ainsi, les travaux d'Elinor Ostrom, prix Nobel d'économie 2009, démontrent que l'auto-organisation des projets locaux optimise l'usage des ressources rares.

Fruit d'une approche philosophique relativement claire, la subsidiarité n'est toutefois pas une notion facile à faire vivre au quotidien. Depuis bientôt trente ans, les gouvernements et parlements nationaux d'une part, la Commission européenne d'autre part, ont produit pléthore de rapports, organisé mille et un colloques, prononcé d'innombrables discours, sans réussir à en apprivoiser la pratique et encore moins à désamorcer les tensions au sein de l'UE. Certains pays estiment que l'Europe s'empare de sujets qui devraient rester de la responsabilité des parlements nationaux, d'autres au contraire qu'il existe des formes de concurrence anormales qui devraient être mieux maîtrisées au niveau européen. Et l'on avait compris bien avant les empoignades de la campagne du *Brexit* que la réalité du terrain est plus cruelle encore. L'Europe a envahi l'espace dans de nombreux domaines où elle n'a rien à faire et s'est effacée sur les sujets pour lesquels il était essentiel de faire de la subsidiarité un instrument d'efficacité et de démocratie. Au point que le dévoiement du principe de subsidiarité nous paraît être le premier péché originel de la construction européenne. D'où l'urgence de favoriser un retour à l'esprit des origines et de veiller, pour la zone euro, à une pratique économique cohérente du couple coordination et subsidiarité.

Externality story

Tout d'abord, il y a bien évidemment des politiques pour lesquelles la coordination s'impose. Ainsi, l'Europe se doit de parler d'une seule voix lorsque chaque État-nation ne peut espérer disposer du poids suffisant pour se faire entendre dans le concert mondial. Le champ de la coordination recoupe pratiquement les « compétences exclusives » énumérées à l'article 3 du Traité sur le fonctionnement de l'UE : l'union douanière, l'établissement de règles de concurrence nécessaires au fonctionnement du marché intérieur, la politique monétaire pour les pays de l'UE dont la monnaie est l'euro, la politique commune de la pêche, la politique commerciale commune et la conclusion d'accords internationaux sous certaines conditions. À cet inventaire raisonné, on pourrait certainement ajouter la nécessité de s'exprimer au nom de la Communauté dans les instances internationales comme le FMI, par exemple, ce qui est loin d'être toujours le cas aujourd'hui.

Sur un plan strictement économique, il nous paraît également indispensable de prendre appui sur le principe de subsidiarité pour donner une cohérence aux décisions de politique économique. Et de s'y tenir. Ainsi, en zone euro, il est nécessaire de coordonner toute décision qui a des conséquences importantes sur les économies des autres pays de la zone. Dans le jargon économiste, on dit que ces politiques produisent des « externalités », c'est-à-dire des effets susceptibles d'affecter le fonctionnement des économies, donc la prospérité et le niveau de vie des autres pays. C'est pourquoi, selon nous, la notion d'externalité est centrale dans la réflexion qui nous occupe ici. De deux choses l'une : soit une décision de politique économique « fabrique » de faibles externalités, et elle doit rester au niveau national, au plus près du citoyen concerné ; soit elle induit de fortes externalités, et il est indispensable qu'elle soit prise en concertation avec les autres pays membres de la zone euro.

Dans la première catégorie, on rangera par exemple le choix d'un taux de TVA, une réglementation qui touche la vie quotidienne ou la préférence pour telle ou telle option en matière de protection sociale. Autant d'éléments qui ont très peu d'impact sur l'économie des autres pays européens. En revanche, on classera dans la seconde catégorie toutes les décisions de politique économique qui modifient la compétitivité-coût (cotisations sociales des entreprises, politique salariale), l'attractivité d'un pays (taux d'imposition des profits, règles du marché du travail) ou l'écosystème local (politique budgétaire, réglementation bancaire et financière), puisqu'elles influencent ainsi la santé économique des autres pays.

Ces décisions-là ont été nombreuses, et souvent lourdes de conséquences, depuis la création de la zone euro. Au point que ce que nous appelons fréquemment « méfaits de la mondialisation » est d'abord et surtout les « méfaits de la concurrence entre les pays de la zone euro », même si nous préférons l'ignorer. Qu'il suffise, en guise d'illustration, de rappeler rapidement quelques exemples qui ont marqué l'évolution de la situation économique en zone euro depuis quinze ans. Une *externality story* pleine d'enseignements.

Les méfaits de la « concurrence fiscale dommageable »

Commençons par ce que les médias ont baptisé les « 13 milliards d'Apple ». Autrement dit, la dénonciation dans la chaleur de l'été 2016 par Margrethe Vestager, la commissaire européenne chargée de la Concurrence, de l'« illégalité » des accords fiscaux passés depuis plus de deux décennies entre le géant américain et l'Irlande, assortie de la décision de demander à Apple de « rembourser ces bénéfices pour un montant allant jusqu'à 13 milliards d'euros plus les intérêts ». C'est en effet la plus emblématique de toutes les « externalités fiscales » qui ont défrayé la chronique en 2016.

En matière d'impôt sur les sociétés (IS), indicateur le plus communément assimilé à la mesure de l'attractivité fiscale d'un pays pour les entreprises, le cas de l'Irlande est désormais bien connu : avec ses 12,5 % d'IS, quand Berlin est à 30,2 % et Paris à 34,4 % (record européen), Dublin n'en finit plus d'attirer les Apple, Facebook, Alphabet (ex-Google) et autres Airbnb, au point de siphonner sans complexe les recettes fiscales de ses partenaires européens. Airbnb, la célèbre plate-forme de location saisonnière entre particuliers (valorisée 27 milliards d'euros selon la presse américaine), en pleine expansion dans l'Hexagone, n'a acquitté que la modique somme de 69 168 euros au fisc français en 2015, soit 18 % de moins qu'en 2014 ! Ainsi donc, Apple a réussi l'exploit de faire tomber son taux d'imposition sur les bénéfices à 0,005 % ! C'est peu dire que les multinationales savent profiter de la non-coopération fiscale européenne.

Même si on limite le coup de projecteur aux quatre grands pays de la zone euro (Allemagne, France, Italie, Espagne), le poids des différents impôts qui pèsent sur les entreprises évolue entre moins de 10 % du PIB en valeur pour l'Allemagne à près de 18 % pour la France (12 % pour l'Espagne, 14 % pour l'Italie). Les cotisations sociales, notamment, s'échelonnent de 6,5 % de PIB outre-Rhin à 11,5 % de ce côté-ci du fleuve (8 % pour l'Espagne, près de 9 % pour l'Italie).

Autant de différences porteuses d'« externalités » : de tels écarts de taux d'imposition (impôts sur les entreprises, cotisations sociales des entreprises…) sont autant de machines à fabriquer des biais de compétitivité entre les pays.

Cela fait d'ailleurs plus de vingt ans que la Commission se préoccupe des effets de ce que les experts bruxellois appellent pudiquement la « concurrence fiscale dommageable » sur les économies européennes, car celle-ci ne se limite pas au taux de l'impôt sur les sociétés. Elle joue également avec la base même de l'IS ou le niveau d'imposition final *via* les crédits d'impôts, les incitations fiscales en faveur d'activités qui n'ont pas d'impact sur l'assiette fiscale nationale, les facilités fiscales réservées aux non-résidents, les décisions fiscales anticipées quant à l'application des lois fiscales aux opérations envisagées par les entreprises (notamment en matière d'investissement) et autres mesures dérogatoires. Et ce n'est ni le groupe chargé de l'élaboration d'un « code de bonne conduite » créé par l'Ecofin (le Conseil des ministres des Finances des États membres), ni les enquêtes diligentées par la Commission, qui jusqu'ici ont réussi à faire avancer l'harmonisation des politiques fiscales européennes afin de limiter les effets de la concurrence fiscale. Code et enquêtes sont censés encadrer les politiques fiscales « attractives » des États européens, mais il n'existe aucune règle européenne ou mondiale qui empêche un pays de baisser sauvagement ses impôts au nom de la sacro-sainte souveraineté nationale.

En matière d'impôt sur les sociétés, par exemple, on doit se contenter actuellement d'une simple recommandation européenne qui préconise un taux « proche » de la moyenne (le taux moyen d'imposition sur les sociétés était de 25 % en 2015, selon la Commission européenne), ce qui n'empêche pas la compétition fiscale *via* la baisse des taux de se poursuivre par tous les moyens. Le Luxembourg a ainsi annoncé une réduction progressive de son taux d'impôt sur les sociétés de 21 à 18 % en 2018, l'Irlande du Nord à 12,5 % au même horizon, aiguillonnée par un Royaume-Uni, bientôt hors de l'UE, qui a fait connaître son intention de ramener son taux d'IS sous la barre des 15 % afin, *dixit* George Osborne, le ministre britannique des Finances, de prouver aux investisseurs que, *Brexit* ou pas *Brexit*, le Royaume-Uni « reste ouvert pour les affaires ».

C'est dire si la coopération vers une harmonisation progressive s'annonce délicate, surtout si l'on ne se contente pas de réfléchir à l'évolution des taux, mais si l'on se penche, comme Bruxelles en a exprimé l'intention, sur la question encore bien plus épineuse de l'assiette, autrement dit des conditions de la détermination du résultat imposable à l'impôt sur les sociétés (ce que l'on appelle communément le résultat fiscal). En Europe, les externalités d'origine fiscale ont encore de beaux jours devant elles. Comble des combles : pour preuve de son indéfectible attachement à la solidarité fiscale européenne, l'Irlande a décidé de soutenir Apple et de faire appel de la décision de Bruxelles d'infliger une amende au géant américain. On attend la suite avec les dossiers Amazon et McDonald's, et leurs « arrangements » avec le Luxembourg. Mais personne ne se fait trop d'illusions… Margrethe Vestager, celle qui, dit-on, a inspiré la figure de l'héroïne principale de la série télévisée *Borgen*, pourra toujours ressortir tranquillement les aiguilles et la laine qu'elle transporte partout avec elle, histoire de se calmer les nerfs…

On parle beaucoup, depuis quelque temps, de l'épineux dossier de la fiscalité européenne, mais il faut citer aussi les règles qui régissent les marchés du travail, la réglementation bancaire ou la pratique budgétaire. Ainsi, dans la zone euro, un pays qui laisse glisser son déficit public met forcément aussi en jeu les comptes publics de ses partenaires. Comme on l'a vu à l'occasion de la crise de la zone euro, les autres pays peuvent en effet être appelés à la rescousse au travers des fonds de secours européens. Surtout, la dégradation substantielle des comptes d'un pays peut provoquer une dépréciation de l'euro, comme on l'a observé en 2011-2012 avec la crise grecque. De mai 2011 à juillet 2012, l'euro a perdu 20 % de sa valeur face au dollar et cette dévalorisation a bien entendu eu une incidence sur toutes les économies de la zone euro. Enfin, l'absence de coordination des politiques budgétaires est également génératrice de déséquilibres : si un pays isolé de la zone euro mène une politique budgétaire laxiste, celle-ci va beaucoup profiter aux autres pays de la zone, compte tenu de l'importance des flux commerciaux entre les États membres, mais le coût ultérieur de cette politique sera à la charge du seul pays qui l'aura décidée et qui devra, un jour ou l'autre, augmenter ses impôts et ponctionner ses propres citoyens afin de réduire son déficit.

De la même façon, une réglementation bancaire insuffisamment stricte peut provoquer une crise bancaire dans un pays de la zone euro, crise bancaire qui, d'une part, dégradera les conditions de financement de toutes les banques de la zone et, d'autre part, contraindra les autorités à mettre en place un sauvetage collectif du système bancaire du pays concerné. C'est ainsi qu'au moment de la crise de la zone euro, entre 2011 et 2013, on a observé une dégradation généralisée des conditions de financement des institutions bancaires de la zone, et ce en dépit des très grandes différences de taille qui existaient entre les portefeuilles de prêts non performants des banques, autrement dit – selon la définition des autorités bancaires – « toute créance dépréciée ou classée en défaut de paiement ainsi que toute exposition où le retard de paiement excède 90 jours». Ils représentaient 12 % du total des prêts en Italie, 10 % en Espagne, pour seulement moins de 4 % en France et un peu plus de 2 % en Allemagne.

Le poison des « dévaluations internes »

On le voit, les effets pervers causés par les externalités de toutes sortes sont nombreux. Mais ceux qui suscitent depuis quelque temps le plus de réactions sont sans conteste ceux qui sont provoqués par la bataille à laquelle se livrent les différents pays pour restaurer coûte que coûte leur compétitivité en taillant dans leurs coûts salariaux. En l'absence de toute possibilité de jouer sur le taux de change (en clair, de dévaluer), le pays en délicatesse avec sa compétitivité n'a en effet pas d'autre solution pour la restaurer que d'abaisser violemment ses coûts de production en sabrant dans les prix et les salaires. C'est ce que l'on appelle la « dévaluation interne ».

Et si, en la matière, c'est la stratégie mise en œuvre par l'Espagne à partir de 2009 qui vient spontanément à l'esprit, il ne faut tout de même pas oublier que l'Allemagne a inauguré cette stratégie non coopérative de compression des coûts salariaux avec les réformes dites Schröder initiées dans les années

2000. Ainsi, selon les économistes du Deutsche Institut für Wirtschaftsforschung, le salaire annuel moyen n'a augmenté que de 1 % en Allemagne entre 2000 et 2010 (10,8 % en France), tandis que les salaires nets réels (c'est-à-dire après impôts et ajustés de l'inflation) chutaient de 16 à 22 % sur la décennie. Un « choc de compétitivité » dont le succès a reposé largement sur le différentiel de compétitivité-coût que l'Allemagne a dégagé au détriment des autres pays, à commencer par ses principaux partenaires commerciaux de la zone euro.

Autres circonstances, autre cas de figure. Après la crise de 2008-2009, l'Espagne a décidé de mettre en œuvre une politique économique orientée vers l'emploi en comprimant à son tour ses coûts salariaux unitaires. La baisse sans précédent des salaires réels, suivie encore aujourd'hui d'une phase de stabilisation associée à une déréglementation du marché du travail, a permis de réduire de quelque 10 % le coût salarial unitaire espagnol (le coût d'un salarié rapporté à sa production) entre 2009 et 2015. Cela a favorisé l'amélioration de la compétitivité-coût et le redressement des profits des entreprises (après taxes, intérêts et dividendes, les profits des firmes espagnoles ont plus que doublé entre 2009 et 2016, passant de 8 % à plus de 16 % du PIB en valeur).

Comme les salariés allemands au moment des réformes Schröder, les salariés espagnols ont payé cette bataille de la compétitivité au prix fort (baisse du salaire réel, moindre protection de l'emploi), mais l'Espagne a redressé son économie. Depuis 2012, l'investissement des entreprises, le commerce extérieur et l'emploi se sont requinqués de manière spectaculaire. L'économie espagnole a investi massivement (l'investissement a augmenté de 21 %, contre seulement 6 % en Allemagne, 6 % en France, et un recul de 8 % en Italie), et attire désormais de nombreuses activités en provenance d'autres pays de la zone euro, tandis que ses exportations vers ses partenaires européens ne cessent de progresser (en 2015, elles ont dépassé les 130 milliards d'euros). L'Espagne a également créé beaucoup d'emplois car, en raison de la faiblesse des gains de productivité (liée à la structure de l'économie ibérique), l'essentiel de la croissance (supérieure à 3 % en 2015 et 2016) se transforme en emplois, ce qui a permis une rapide décrue du chômage (après un pic à plus de 25 % en 2012, il est redescendu sous les 20 % en 2016). L'Espagne a redressé son économie, mais là encore en brisant le fragile équilibre entre compétition et coopération.

En raison de l'ampleur de la non-coopération entre les différents pays de la zone euro, l'Europe est donc tout aussi coupable que la globalisation de la désindustrialisation et de la montée des inégalités et du chômage structurel observées dans certains pays. Plutôt que de claironner (souvent pour se dédouaner) que « l'Europe ne protège pas de la globalisation », il serait donc plus efficace de redécouvrir le principe de subsidiarité et de s'imposer, pour chaque politique, de vérifier à quel niveau celle-ci peut être mise en œuvre avec le maximum d'efficacité, surtout si elle génère des externalités requérant qu'elle soit coordonnée entre les États membres.

La situation est différente pour les pays de l'Union européenne qui ne sont pas membres de la zone euro, puisqu'un choc budgétaire, un choc fiscal ou un choc sur les coûts salariaux, autrement dit un biais de compétitivité, est normalement compensé par une variation du taux de change entre les monnaies des pays de l'UE concernés et l'euro. Rien n'impose, par exemple, la coordination des politiques budgétaires avec les pays qui ne sont pas dans l'euro : si l'un de ces pays affiche un déficit excessif, son taux de change et ses taux d'intérêt s'ajusteront. Quant à un choc affectant les marchés financiers d'un pays européen doté de sa propre monnaie (déficit public, crise bancaire), il n'est pas normalement contagieux pour les marchés financiers de l'euro. Dans ce cas de figure, le principe de subsidiarité retrouve pleinement ses droits et la coordination doit porter, en réalité, sur peu de politiques. Il ne reste plus alors à coordonner que ce qui correspond aux grands principes de l'Europe (droits de l'homme, principes fondamentaux du droit du travail) et ce qui peut créer des externalités en dépit de la flexibilité du taux de change (règles de la concurrence, règles du commerce). On peut imaginer, par exemple, qu'un pays de l'UE non membre de l'euro mette en place une protection douanière spécifique ou qu'une entreprise d'un de ces pays disposant de ressources financières anormalement élevées grâce à un monopole puisse nuire aux entreprises du même secteur implantées en zone euro. Mais ces cas sont limités.

Les périls de la non-coordination

Il est donc essentiel de bien faire la différence entre l'Union européenne et la zone euro. C'est la participation à la zone euro qui rend nécessaire la coordination des politiques fiscales, budgétaires et salariales, car l'absence de coordination des politiques économiques, en particulier des politiques qui peuvent générer des biais de compétitivité, des externalités, est pénalisante dans une union monétaire. La faiblesse de la croissance, le niveau élevé de chômage (en moyenne), le cas échéant la perte de compétitivité, s'expliquent en partie par l'inefficacité qui résulte de la non-coordination des politiques économiques entre les pays de la zone euro et d'une mise en œuvre pour le moins inappropriée du principe de subsidiarité. Malheureusement, dans une union monétaire, l'incitation à mener des politiques non coopératives est forte, notamment sur l'épineuse question de la baisse des coûts salariaux. Nous y reviendrons.

En tout cas, la question de la coordination des politiques économiques qui ont des effets sur la compétitivité-coût (politique salariale, politique fiscale...) est fondamentale, sous peine de voir s'accélérer le transfert des activités délocalisables vers les pays les moins coopératifs (on ne parle pas là d'un pays d'Asie ou d'Afrique, mais de l'Espagne, par exemple...) et s'installer un équilibre non coopératif déflationniste si plusieurs pays venaient à s'engager dans une surenchère dans la baisse des coûts.

De cette double dérive qui concerne à la fois la coordination des politiques économiques et le mauvais usage du principe de subsidiarité, retenons deux premiers enseignements :

– il est temps d'imposer aux institutions européennes une retenue de tous les instants dans l'usage qu'elles prétendent faire de leur pouvoir en revenant à l'esprit originel du rôle de la Commission européenne, c'est-à-dire à un système dont le fonctionnement est fondé sur un vrai principe de subsidiarité susceptible de redonner aux États les marges de manœuvre dont ils ont été dépossédés par les institutions européennes ;

– il est temps aussi de se demander systématiquement à quel niveau une politique est la plus efficace et/ou si elle génère (ou non) des externalités requérant qu'elle soit coordonnée, et d'avancer résolument dans la voie d'une meilleure coordination des politiques économiques et réglementaires.

Chapitre II

La malédiction des pays périphériques

484 euros. C'est le montant de la retraite qu'Aliki touche désormais chaque mois. Pas un euro de plus pour cette septuagénaire athénienne, retraitée du secteur privé, qui a vu sa pension amputée, petit bout par petit bout, de 42 % au cours des six dernières années. Une situation explosive dans ce pays dévasté par la crise, où les retraités sont en quelques années devenus les principaux soutiens de leurs familles, et le système de retraite un substitut à toute politique sociale. Comme dans plusieurs centaines de milliers de familles, Aliki doit en effet héberger dans un minuscule deux-pièces du quartier populaire de Petralona, au sud de l'Acropole, sa fille Stavroula, chômeuse de l'Éducation nationale, et sa petite-fille encore étudiante. L'universitaire Savas Robolis a calculé que 350 000 familles ne disposent plus d'aucune source de revenu provenant de l'activité d'un de leurs membres et doivent faire appel à la solidarité des

anciens, tandis que 500 000 autres ne comptent qu'un seul actif, et qu'à peine plus de 100 000 chômeurs sur les 1,35 million recensés sont indemnisés. Comment la frustration ne serait-elle pas à son comble au sein des classes moyennes et populaires ? Les amies d'Aliki le confirment : après six années de crise, les Grecs sont en colère. Au bureau, au café, au restaurant, à la maison, toutes les discussions tournent autour de cette Europe autiste qui impose l'austérité et dont même les experts du FMI commencent à dire que cet acharnement est mortifère. Et toutes se terminent de la même manière : pourquoi ne pas abandonner cet euro devenu le symbole de leur malheur ?

On nous l'avait pourtant assez dit et répété sur tous les tons : la participation à une union monétaire et le respect de règles uniformes de politique économique allaient fabriquer de la croissance et déboucher sur la « convergence » des économies européennes et de leurs niveaux de vie, grâce à deux atouts imparables : une épargne qui circulerait librement et financerait les projets les plus rentables, où qu'ils soient en Europe, et une localisation des activités productives là où elles seraient les plus efficaces, la spécialisation n'étant possible que dans une zone où l'on aurait éliminé les variations des taux de change. Bref, avec la monnaie unique, les Européens recevraient prospérité et solidarité en partage. L'argument, répété *ad nauseam* à l'occasion de chaque échéance politique depuis 1992, date de ratification du traité de Maastricht, était – si l'on en croit les pères de l'euro – solidement étayé par les meilleurs économistes de la planète. À commencer par les travaux du célèbre Canadien Robert A. Mundell, prix Nobel d'économie, professeur d'économie internationale à l'université Columbia de New York et inventeur de la théorie de la zone monétaire optimale.

L'IRRÉSISTIBLE DIVERGENCE DES ÉCONOMIES EUROPÉENNES

C'est en effet Robert Mundell qui a jeté les fondements théoriques de l'union monétaire européenne dans un article désormais célèbre, publié en 1961, « A Theory of Optimum Currency Areas[1] », qui a servi de cadre d'analyse aux nombreux débats sur le bien-fondé de la création d'une monnaie européenne. Au point que l'économiste canadien – qui avait de solides attaches en Angleterre, où il avait effectué une partie de ses études, et en Italie, où il occupe une merveilleuse villa Renaissance près de Sienne – en serait considéré comme le parrain.

Partant du concept de région plutôt que de celui de nation pour redessiner la carte monétaire du

1. *American Economic Review*, novembre 1961.

monde, Mundell pose au départ une question plutôt novatrice : quels sont les critères économiques à partir desquels une région du monde pourrait décider d'adopter une monnaie commune ? Pour répondre à cette question, l'économiste a exploré les avantages et les inconvénients potentiels de l'adoption d'une monnaie commune. Dans la colonne « avantages », il inscrit la réduction des divers coûts de transaction associés à des monnaies différentes, et aussi le gain en liquidité de la monnaie commune lié à la profondeur naturelle de son marché – gain en liquidité dont bénéficiera également l'ensemble des marchés financiers. Dans la colonne « inconvénients », il pointe l'impossibilité de laisser le taux de change absorber un choc qui viendrait frapper de façon asymétrique telle ou telle région de l'union monétaire.

Pour expliquer cette notion de « choc asymétrique » et le rôle joué par le taux de change, Robert Mundell prend l'exemple de deux régions du Canada – l'Ouest et son industrie forestière, l'Est et son industrie automobile –, mais on pourrait aussi bien transposer le raisonnement à la zone euro. Supposons un instant une évolution du comportement des consommateurs, qui accroissent leur demande d'automobiles allemandes et réduisent celle de textiles espagnols. Ce choc est asymétrique puisqu'il crée une demande excédentaire pour l'industrie allemande et une offre excédentaire pour le textile espagnol. Le prix des automobiles va avoir tendance à augmenter, entraînant une hausse générale des prix outre-Rhin, tandis qu'à l'inverse les prix auront tendance à baisser en Espagne, entraînés par ceux de l'industrie textile. Les termes de l'échange (autrement dit, le rapport entre les prix à l'exportation et les prix à l'importation) de l'Espagne vis-à-vis de l'Allemagne se dégradent.

Dans cet exemple, si – comme avant la création de l'euro, par exemple – les deux régions (pays) disposent chacune de leur monnaie, pas de problème : le choc asymétrique pourra être résorbé par une variation du taux de change. La banque centrale espagnole abaissera ses taux d'intérêt pour lutter contre le chômage, la banque allemande augmentera les siens pour combattre l'inflation. La peseta se dépréciera par rapport au deutsche Mark et l'équilibre pourra être rétabli.

En revanche, si les deux pays utilisent la même monnaie, la banque centrale (la Banque centrale européenne, en l'occurrence) va être confrontée à un dilemme : doit-elle lutter contre le chômage qui monte en Espagne ou contre l'inflation qui menace en Allemagne ? En théorie, ce dilemme peut être résolu par la mobilité des facteurs de production : si le capital et le travail migrent des industries qui souffrent d'une baisse de la demande vers celles qui bénéficient au contraire d'une demande supplémentaire, d'Espagne en Allemagne dans notre exemple, l'équilibre pourra être rétabli dans la stabilité des prix et de l'emploi.

De cet exemple très simple se dégagent certains critères auxquels une union monétaire doit répondre. À commencer par l'absence de chocs asymétriques trop fréquents (les fluctuations économiques doivent être, pour l'essentiel, communes à l'ensemble des pays) et l'existence d'une mobilité des facteurs de production. À ces deux critères, Mundell ajoute la diversification des activités (qui réduit l'impact d'un choc subi par un secteur en particulier) et l'efficacité des mécanismes d'ajustement pour définir ce qu'il appelle une zone monétaire optimale (ZMO). Des travaux ultérieurs compléteront l'apport de Mundell en cherchant à démontrer qu'une politique monétaire unique facilite la synchronisation des économies, autrement dit leur convergence, en favorisant le développement des échanges intra-zone. Du plan Werner (premier projet d'union économique et monétaire) de 1970 au traité de Maastricht, la contribution de Mundell alimentera les nombreux débats scientifiques sur l'union monétaire européenne, et beaucoup d'objections seront présentées, notamment en ce qui concerne la rigidité du facteur travail. Était-il réaliste d'imaginer construire une zone monétaire optimale en Europe ?

En tout cas, les pères fondateurs de l'euro ne demandaient qu'à croire en cette belle histoire. Ils en étaient sûrs : les économies européennes allaient se ressembler de plus en plus. Et, mieux encore, elles allaient toutes ressembler si possible à l'économie allemande ! Sauf que c'est exactement l'inverse qui s'est produit. Au lieu de rapprocher irrésistiblement les économies, l'euro a accru les divergences au sein de la zone, les pays déjà peu compétitifs avant 1999 continuant à perdre en compétitivité tout en faisant gonfler leur endettement. La réaction à la crise de 2008-2009 a encore approfondi la divergence, puisqu'on a demandé aux plus faibles de procéder à des ajustements brutaux qui, sans politique de change adaptée et sans coordination suffisante, ont encore creusé le *gap* de croissance avec les pays les plus solides.

L'HÉTÉROGÉNÉITÉ, AU CŒUR DE LA CRISE DE LA ZONE EURO

D'où vient une telle divergence ? Au moment de la création de l'euro, les spécialisations productives des divers pays de la zone euro étaient sensiblement différentes et cette hétérogénéité s'est accentuée au fil des années, dès lors que l'absence de risque de change permet désormais de produire chaque bien et chaque service là où on peut le faire avec le maximum d'efficacité, ce qui favorise l'exploitation sans limites des avantages comparatifs (facteurs de production, niveaux d'éducation, efforts d'innovation, localisation géographique...). Un processus tout à fait classique dans une union monétaire.

Ainsi, depuis la création de la zone monétaire européenne, l'industrie a tendance à se concentrer dans les régions où il existe des avantages comparatifs pour l'activité industrielle (main-d'œuvre qualifiée, absence de coûts de transport...), tandis que les pays de la périphérie se spécialisent plutôt dans d'autres types de production, comme les biens et services non exportables – la construction ou le tourisme en Espagne, par exemple. Certains pays sont donc restés industriels (voire le sont devenus encore davantage), tandis que d'autres au contraire se désindustrialisaient. En Allemagne, la production de machines-outils, d'automobiles, de produits chimiques et pharmaceutiques, notamment, a continué d'augmenter. La valeur ajoutée issue du secteur manufacturier y représente pratiquement 21 % du PIB en volume (18 % en 1999), contre 15 % pour l'Italie, 12,5 % pour l'Espagne et le Portugal, 7,5 % pour la Grèce. Quant au secteur manufacturier français, il pointe péniblement au-dessus des 10 % de PIB. L'emploi industriel a suivi la même pente : de 18 % de l'emploi total en Allemagne à 8 % seulement en Grèce, alors que l'emploi peu qualifié dans les services (services à la personne, distribution, hôtellerie-restauration, loisirs, transports) y atteint plus de 40 % et en Espagne, où la balance commerciale du tourisme représente 3 % du PIB en valeur (au Portugal, plus de 4 %).

En outre, on observe une augmentation de la mobilité du travail, les salariés des pays en difficulté du Sud étant de plus en plus nombreux à aller chercher un emploi dans les pays du Nord. Cette augmentation des flux migratoires est favorable pour l'ensemble de la zone euro, puisqu'il est positif que les salariés bougent pour trouver un emploi correspondant à leur qualification. Mais elle est défavorable pour les pays d'où partent ces flux migratoires : ils perdent une partie de leurs forces vives, et donc une partie de leur base fiscale, ce qui complique encore le financement des investissements et de la dette publics.

Ce mouvement de spécialisation est normal : il correspond à la mise en place d'une logique d'efficacité dans le cadre d'une zone monétaire. Mais les fondateurs n'avaient pas envisagé que ce processus – la divergence plutôt que la convergence, l'hétérogénéité des économies plutôt que l'homogénéité –, à l'œuvre depuis maintenant plus de vingt ans, non seulement se produirait inévitablement, mais surtout serait au cœur de ce qui allait constituer (et constitue toujours) la crise de la zone euro.

En zone euro, il y a deux groupes de pays. D'un côté, ceux qui ont conservé une spécialisation industrielle importante, et avec elle une capacité à exporter, donc à fabriquer des excédents extérieurs. De l'autre, ceux qui au contraire ne disposent pas de cette capacité et sont structurellement déficitaires. L'hétérogénéité des spécialisations productives entraîne donc celle des balances courantes, entre les premiers et les seconds.

Depuis la création de l'euro jusqu'en 2008, la croissance des pays spécialisés dans les services a été rapide, tout comme la croissance du crédit, et cette croissance rapide, puisque les pays sont peu industriels, a provoqué l'apparition d'un important déficit extérieur en Espagne, au Portugal, en Grèce, et, dans une moindre mesure, en France et en Italie. Ainsi, en 2008, le déficit extérieur grec atteignait 15 % du PIB, le déficit portugais 12 % et le déficit espagnol 10 %. L'Allemagne, elle, affichait un excédent extérieur de 5 % du PIB. Or, contrairement à ce qui se passe dans un État que nous appellerons « classique », autrement dit de nature « fédérale », il est impossible dans une zone monétaire de compenser les déficits extérieurs par des transferts internes de revenus. Pour illustrer le propos, supposons que l'Auvergne ou la Calabre, deux régions peu industrialisées, affichent un « déficit extérieur » par rapport aux autres régions françaises ou italiennes. Celui-ci ne risque pas de fabriquer de l'endettement extérieur dès lors qu'il sera compensé par des flux de revenus, des transferts venus des pouvoirs publics (les fonctionnaires calabrais ou auvergnats sont payés par l'État; les transferts sociaux, les infrastructures routières ou ferroviaires sont en grande partie financés par le budget de l'État, etc.).

Rien de tel évidemment en zone euro, où les déficits ne peuvent être financés par des flux de revenus et où l'hétérogénéité des balances courantes devient redoutable dès lors qu'elle fabrique un risque d'insolvabilité extérieure pour les pays qui abusent de l'endettement: une année de PIB, voire davantage, pour l'Espagne, le Portugal et la Grèce. D'où la crise des balances des paiements en 2008-2009 et la nécessité de faire disparaître les déficits extérieurs afin de restaurer l'équilibre des comptes (la solvabilité extérieure).

Les pays qui doivent restaurer leur solvabilité extérieure taillent dans leur demande intérieure, ce qui entraîne – conséquence de la perte d'activité – l'apparition de déficits publics importants et une forte hausse de l'endettement public. C'est bien ce que l'on a observé en Espagne, au Portugal, en Grèce et en Italie. À la divergence des situations des finances publiques entre pays de la même zone monétaire correspond bientôt une divergence des taux d'intérêt. Souvenons-nous qu'à l'hiver 2011-2012 le taux d'intérêt à dix ans excédait les 7 % en Espagne et en Italie, les 15 % au Portugal, et plus de 40 % en Grèce! Une nouvelle menace pour tous les emprunteurs de ces pays comme pour la pérennité de l'euro. Engrenage infernal.

Jusqu'à présent, le pire a pu être évité grâce aux interventions de la Banque centrale européenne et des fonds européens (European Financial Stability Facility, European Stability Mechanism) créés pour prêter aux États en difficulté (26 milliards d'euros pour le Portugal, 41 pour l'Espagne, 157 pour la Grèce), et surtout grâce aux politiques de réduction des déficits, réduction obtenue par des mesures d'austérité absolument sauvages. Au bout du compte, dans une zone monétaire décidément non optimale, l'engrenage de la divergence fabrique une autre hétérogénéité, encore plus funeste : celle des niveaux de revenus. Faute de pouvoir dévaluer, les pays en délicatesse avec leurs comptes extérieurs et leurs comptes publics doivent s'en remettre à la « dévaluation interne », c'est-à-dire, comme on l'a vu, à une baisse drastique des prix et des salaires afin de faire chuter leurs coûts de production et de redevenir compétitifs.

La dévaluation interne, ça ne marche pas !

Jusqu'en 2008, les effets de la divergence des niveaux de revenus associés à l'hétérogénéité des structures productives ont été masqués par le recours à l'endettement, lequel permettait de nourrir une demande intérieure supérieure à la capacité de production. Mais, après la crise, la situation s'est gâtée lorsque les pays à excédent d'épargne de la zone euro (Allemagne, Pays-Bas) ont décidé de ne plus prêter à ceux qui affichaient des déficits d'épargne, autrement dit les pays de l'Europe du Sud. Les conséquences en furent terribles puisque, ne pouvant plus s'endetter auprès des « pays du cœur », ceux-ci ont dû entreprendre de faire disparaître coûte que coûte leur déficit extérieur.

Or, dans une zone monétaire, il est impossible de dévaluer pour restaurer la compétitivité. Dès lors que les transferts de revenus ne sont pas prévus dans le scénario, la seule issue semble être, comme on l'a vu, la « dévaluation interne », autrement dit une baisse des prix et des salaires afin de réduire les coûts de production et de redevenir compétitif par le seul jeu des mécanismes du marché. C'est évidemment la solution privilégiée par tous ceux, à commencer par les Allemands, qui ne veulent pas entendre parler de ce qu'ils appellent une « union de transferts ».

Sur le papier, la solution peut paraître séduisante. En théorie, dès lors que l'on baisse les prix et les salaires dans les mêmes proportions, la population du pays concerné ne subit pas d'érosion de son pouvoir d'achat. Mais, en pratique, la dévaluation interne ne marche pas pour diverses raisons.

Dans un pays comme la France, par exemple, les salaires sont déconnectés de la situation économique : ils ne bronchent pas, ou si peu, quelle que soit la conjoncture. On ne peut donc espérer les voir baisser lorsque ce serait nécessaire (même si les récents accords de flexibilisation ont commencé à faire évoluer le système). Dans la plupart des pays de la zone euro, les salaires ralentissent, eux, très vite lorsque la situation se dégrade et que le chômage monte, mais ce sont les prix qui ne baissent pas, ce qui lamine le pouvoir d'achat, parce que les entreprises captent la marge supplémentaire et/ou parce que le marché des biens n'est pas assez concurrentiel.

C'est ainsi que l'éventail des revenus par tête ne cesse de s'ouvrir en zone euro : en 2015, le PIB italien ne représentait plus que 73 % du PIB allemand (90 % en 2008), le PIB espagnol 64 % (78 % en 2008), le PIB portugais 47 % (56 % en 2008) et le PIB grec un peu plus de 40 % (70 % en 2008). En définitive, la compétitivité des pays dits « périphériques », loin de s'améliorer, se dégrade et, comme l'austérité tue la demande, les entreprises locales et étrangères rechignent de plus en plus à y investir, ce qui compromet gravement l'avenir.

Ce que les Européens du Sud ont vécu depuis dix ans montre bien que, en l'absence de structures fédérales, les pays sont soumis à une contrainte extérieure.

S'ils la transgressent, ils doivent s'ajuster, et cet ajustement peut être très violent – avec, à la clé, chômage et appauvrissement. C'est bien ce que l'on a observé en Grèce, où le pouvoir d'achat moyen a été divisé par deux depuis le début de la crise.

Les niveaux de vie divergent, les inégalités explosent

La démonstration est d'une limpidité cristalline : l'union monétaire ne conduit pas nécessairement à une convergence des économies et des niveaux de vie. C'est même exactement le contraire qui se produit. Certes, depuis l'unification monétaire, les pays de la zone euro ont des taux d'inflation, des cycles économiques plus proches que par le passé, puisqu'ils pratiquent la même politique monétaire, le même taux de change, et que leurs échanges commerciaux se sont développés. Mais les structures de leurs économies, elles, ne cessent de diverger, puisque la disparition du risque de change leur permet d'exploiter à fond leurs avantages comparatifs (dotation en capital et en travail, qualification de la population active, présence de centres de recherche associés à certaines industries, etc.). Un grand classique, semble-t-il, qui a suggéré à certains experts la notion de « malédiction des pays de la périphérie ».

On observe en effet qu'en général les activités les plus sophistiquées se concentrent spontanément dans le centre d'une union monétaire (synergies, faiblesse des coûts de transport pour l'industrie et les services qui lui sont liés), tandis que la périphérie se spécialise dans les activités à moindre valeur ajoutée (tourisme, services à la personne, distribution, construction, immobilier). Au fil du temps, les économies périphériques dégagent donc des gains de productivité plus faibles, et donc aussi des revenus de plus en plus faibles par rapport aux économies du centre. Dans ces conditions, vouloir imposer des règles de politique économique communes est de plus en plus inefficace et de plus en plus coûteux en termes de croissance.

Les règles et les institutions de la zone euro sont fondées sur le pari d'une homogénéité accrue des pays de la zone. Mais, en l'absence de transferts susceptibles de lutter contre les déséquilibres, les pays de la zone euro sont précisément dans la situation contraire : hétérogénéité des taux de croissance, hétérogénéité des facteurs de production, hétérogénéité des évolutions des coûts salariaux, hétérogénéité des structures productives, donc apparition d'excédents et de déficits chroniques des balances courantes, et, pour couronner le tout, forte hétérogénéité des revenus, avec tous les risques politiques et sociaux que cela comporte. Le conflit entre des institutions conçues pour des économies homogènes et, dans la réalité, la grande hétérogénéité qui caractérise ces économies menace l'existence même de l'euro. Ce conflit fabrique la divergence des taux de croissance, la hausse insupportable des taux d'intérêt (qui n'existe pas actuellement, mais uniquement parce que la BCE inonde le système de liquidité) et un niveau de chômage terrible dans les pays qui affichent des déficits extérieurs.

Dans une « ZMNO », les histoires de changes fixes finissent mal, en général

Dans une zone monétaire non optimale (ZMNO), les histoires de changes fixes finissent mal, en général, dès lors qu'il se révèle impossible de réaliser une union politique satisfaisante à terme (préférences harmonisées, budget fédéral conséquent, mobilité des facteurs de production). En fait, le coût de ce régime monétaire dysfonctionnel va sans cesse croissant. Ainsi, les spécialisations productives différentes des pays de la zone euro, l'accroissement de la mobilité du travail entre les pays de la zone, sont favorables pour l'ensemble de la région, mais défavorables pour les pays de la périphérie qui se spécialisent dans le milieu-bas de gamme et pour ceux, les mêmes, qui subissent l'émigration d'une partie de leur population active. Pour rendre la zone euro efficace économiquement et acceptable socialement, il est urgent de rendre favorable à tous les pays de la zone ce qui l'est pour la zone prise dans son ensemble. Cela nécessite une dose de fédéralisme : pour corriger les écarts de revenu associés à la spécialisation productive, pour qu'une part plus importante de la dette et des dépenses publiques devienne fédérale. Un savant calcul a montré récemment que, si l'on voulait rééquilibrer l'ensemble de la zone euro, il faudrait transférer l'équivalent de 8 % du PIB des pays du nord de la zone euro vers ceux du sud (c'est l'équivalent de ce qui a été transféré entre l'Allemagne de l'Ouest et l'Allemagne de l'Est avec la réunification) !

Au contraire, une situation de *statu quo* voit les divergences s'amplifier et les pays en délicatesse avec leur compétitivité ou désindustrialisés afficher des déficits extérieurs que ni le taux de change ni le fédéralisme ne peuvent corriger. Ils sont alors contraints, pour endiguer l'excès d'endettement extérieur, de s'abandonner aux politiques d'austérité qui désespèrent les populations, quitte à faire le lit du populisme. Une dynamique explosive. Quel pays de la zone euro va en effet accepter longtemps sans broncher une baisse continuelle de son niveau de vie par rapport aux autres ? S'ils n'en retirent ni revenu ni financement, que pourra bien être la motivation de ces pays à rester dans l'euro ? Prolonger le *statu quo* revient à prolonger la divergence à l'œuvre actuellement, et il faut une bonne dose d'optimisme (ou d'inconscience) pour croire que cela va bien se terminer. Comment ne pas redouter que, à une dévaluation interne mortifère, certains ne soient finalement tentés de préférer une sortie de l'euro pour déprécier fortement leur monnaie, attirer de nouvelles activités et redresser leur niveau de vie ?

D'un point de vue macroéconomique, l'unification monétaire présente de multiples inconvénients. Et l'histoire économique récente de la zone euro en administre la preuve. Même si leurs économies se trouvent dans des situations très différentes, les pays membres doivent faire avec la même politique monétaire, subir les effets pervers des externalités en cas de mauvaise coordination des politiques économiques, gérer l'hétérogénéité croissante des revenus et des niveaux de vie avec, à la clé, l'appauvrissement des pays les plus fragiles. C'est ainsi que, tandis que les Grecs s'enfoncent toujours davantage dans la paupérisation et la précarité, le gouvernement Merkel s'apprête à réduire la facture fiscale des contribuables allemands de 15 milliards d'euros en 2017.

Face à ces inconvénients majeurs, l'union monétaire présente théoriquement un avantage essentiel : permettre une allocation efficace de l'épargne à l'intérieur de cette union. Mais nous allons montrer maintenant que, depuis la crise, il n'en est rien.

Chapitre III

La fourmi n'est pas prêteuse

« La fourmi n'est pas prêteuse ; c'est là son moindre défaut. Que faisiez-vous au temps chaud ? dit-elle à [ces] emprunteuse[s]... » Cet extrait de l'une des plus célèbres fables de La Fontaine résume assez bien la situation actuelle de l'union monétaire européenne : la cassette de la fourmi allemande a beau être pleine à craquer, celle-ci ne s'en refuse pas moins à prêter à ses partenaires européens dans le besoin. Depuis la crise, les épargnants allemands ne veulent plus investir leur bas de laine dans les autres pays de la zone euro et, prudemment, préfèrent l'investir chez eux, en Allemagne, voire en Chine, en Inde ou ailleurs, car ils n'ont plus confiance dans la solvabilité des pays du sud de l'Europe, pas plus que dans la solidité de leurs banques ou dans la rentabilité de leurs projets d'investissement, et encore moins dans leur volonté de remettre de l'ordre dans leurs comptes. Un grand classique du choc des cultures entre le nord et le sud de l'Europe ? Dans son *Essai sur les Fables de La Fontaine* (1853), Taine voyait déjà dans « La cigale et la fourmi » une métaphore de l'opposition irréductible entre l'homme du Sud (la cigale) et celui du Nord (la fourmi) ! En tout cas, l'air de rien, ce choc des cultures ruine l'avantage essentiel que les participants sont censés retirer d'une union monétaire : avec la disparition du risque de change, l'épargne domestique de chaque pays est censée circuler librement et être utilisée pour financer les projets d'investissement les plus rentables, où qu'ils se trouvent à l'intérieur de la zone monétaire. Or, rien de tel ne s'observe en zone euro, et c'est ce que nous allons regarder maintenant.

La création de la zone euro était pourtant placée sous une bonne étoile, car les caractéristiques de ce territoire avaient tout pour faire une union monétaire efficace. En effet, normalement, les pays « riches » ont des taux d'épargne faibles (si je suis riche, je n'ai pas besoin d'épargner beaucoup pour l'avenir : je pourrai, le moment venu, mobiliser ma richesse). Mais, dans le cas de la zone euro, les pays à revenus – donc à capital – par tête élevés sont aussi les pays à excédents d'épargne : Allemagne, Pays-Bas et, dans une moindre mesure, Autriche. Une configuration en théorie particulièrement favorable. En effet, les pays à capital par tête élevé ont une productivité marginale du capital faible (la production supplémentaire que l'on peut espérer obtenir si l'on augmente d'une unité la quantité de capital), tandis que les pays à capital par tête faible ont au contraire une productivité marginale du capital élevée. Si l'épargne migre des premiers vers les seconds, le mouvement est évidemment favorable puisque cette allocation optimale de l'épargne va fabriquer un surcroît de croissance pour l'ensemble de la zone. Mieux vaut toujours investir dans un projet qui rapporte 5 %, 10 %, voire davantage, que dans un projet dont le rendement n'excédera pas 2 ou 3 %. Chaque investisseur individuel comme l'économie de la zone dans son ensemble seront plus riches au bout du compte. Un raisonnement que le plus béotien des épargnants est susceptible de comprendre.

Les capitaux ont cessé de voyager entre le Nord et le Sud

Pourtant, depuis la création de la monnaie unique, la croissance de la zone euro n'a finalement jamais été en situation de profiter de cette configuration idyllique.

Jusqu'à la crise de 2008-2009, l'existence de l'union monétaire a favorisé, comme les économistes le prévoyaient et comme les pères fondateurs l'espéraient, la circulation des capitaux entre les différents pays. Les prêteurs allemands, hollandais, autrichiens ont joué le jeu et financé sans états d'âme les projets des emprunteurs espagnols, grecs, portugais, italiens et irlandais… Pour preuve, l'ouverture de l'excédent extérieur allemand (plus de 5 % du PIB en 2009) et celle du déficit extérieur des pays périphériques (plus de 10 % du PIB). Mais, et c'est là que le bât blesse, les flux de capitaux qui ont migré pendant cette période des pays prêteurs vers les pays emprunteurs de l'union monétaire n'ont pas financé beaucoup d'investissements productifs, mais plutôt des déficits publics (au Portugal, en Grèce, en Irlande, en Italie) ou des bulles immobilières (en Espagne, en Irlande, en Italie, en Grèce). Avec les résultats que l'on sait à partir de 2008… De quoi refroidir l'ardeur de nos prêteurs aux poches profondes, qui ont pris brutalement conscience des risques qu'ils avaient fait courir à leur précieuse épargne.

À partir de 2009, renversement de tendance. Soudain tétanisées par le niveau d'endettement atteint par ces dispendieuses cigales, les prudentes fourmis ont fermé le robinet pratiquement du jour au lendemain. La mobilité des capitaux a disparu, Allemagne et Pays-Bas refusant désormais de prêter aux pays du Sud. C'est ainsi qu'un certain nombre de pays de la zone euro (Espagne, Portugal, Grèce, Italie, mais aussi Irlande), qui s'étaient endettés au-delà du raisonnable, et de surcroît pour financer crédits aux ménages et bulles immobilières, se trouvèrent fort dépourvus quand la bise fut venue. Depuis la crise de 2008-2009, la zone euro comme grand marché financier unique n'est plus qu'un lointain souvenir, tandis que les cigales ont été contraintes de faire disparaître au plus vite des déficits devenus brutalement impossibles à financer.

Les comptes extérieurs portent les stigmates de la nouvelle situation : les excédents extérieurs allemands et hollandais ont prospéré (près de 10 % du PIB en valeur pour chacun de ces deux pays), mais les déficits extérieurs du Sud ont disparu (les balances courantes de l'Espagne, de la Grèce, de l'Italie et du Portugal sont revenues à l'équilibre), dès lors que ces pays n'ont plus trouvé sur le marché de généreux prêteurs pour les financer.

Autre indice qui ne trompe pas, la disparition d'un marché interbancaire unifié en zone euro : les banques allemandes ont cessé de prêter à leurs homologues italiennes, espagnoles ou portugaises.

Avant la crise, les besoins en capitaux des pays déficitaires étaient couverts par des flux de capitaux privés : investissements directs, achats de valeurs boursières, mais aussi et surtout prêts interbancaires. Les banques des pays à excédent d'épargne – pour faire court, les banques allemandes – prêtaient aux banques des pays déficitaires, essentiellement les pays du sud de l'Europe. Mais, on l'a vu, avec la crise, les flux des premières vers les secondes se sont taris (en fait, les banques des pays excédentaires détiennent principalement des dettes publiques de leur propre pays). Privées de ce financement interbancaire, les banques emprunteuses se sont tournées vers leurs banques centrales qui, dans le cadre d'un système mis en place par la BCE, ont joué le rôle de prêteuses en dernier ressort afin d'éviter les catastrophes en chaîne.

Le financement public a remplacé le financement privé *via* les prêts entre banques centrales ; c'est ce que l'on appelle, dans le jargon, les « soldes *Target 2* ». En bon français, cela signifie que, depuis le début de la crise, les banques centrales de l'eurozone se sont substituées aux institutions financières privées pour assurer et garantir la fluidité des capitaux. Les banques centrales des pays excédentaires (Allemagne, Pays-Bas, Finlande, Luxembourg) ont ainsi accumulé plus de 1 000 milliards d'euros de créances sur les banques centrales des pays déficitaires (Grèce, Irlande, Italie, Espagne, Portugal, Chypre). À elle seule, la banque centrale allemande, la Bundesbank, a inscrit dans ses livres plus de 600 milliards d'euros de créances. Tout cela est dû à l'évaporation de la confiance des prêteurs – préoccupés par la situation financière des banques grecques, italiennes ou portugaises, par la solvabilité de certains emprunteurs tant publics que privés –, à la faiblesse de la rentabilité du capital dans certains de ces pays (Italie,

Grèce en particulier), sans oublier le retour du risque politique.

La fin du transfert de l'épargne du Nord vers le Sud déprime l'investissement et alimente par ailleurs deux problèmes macroéconomiques préoccupants.

D'abord, la segmentation des marchés financiers entre les pays de la zone euro « condamne » la BCE à poursuivre ses achats de dettes publiques dans le cadre du *Quantitative easing* (l'encours détenu par la BCE est passé de moins de 200 milliards d'euros en 2014 à près de 1 100 milliards en 2016). Sans ces achats, il y aurait spontanément divergence des taux d'intérêt sur les dettes publiques entre les différents pays (comme on l'a vu en 2011-2012), divergence qui menacerait la solvabilité des emprunteurs des pays de la périphérie. Tant que la mobilité des capitaux ne sera pas restaurée en zone euro, la BCE ne pourra sortir du *Quantitative easing* sans prendre le risque de déclencher une nouvelle crise des dettes souveraines périphériques.

Ensuite, la segmentation des marchés financiers interdit de corriger l'excès d'épargne (autrement dit, l'insuffisance de la demande intérieure) qui s'est installé dans la zone euro, comme le montre l'excédent de la balance courante (4 % du PIB en valeur en 2016).

En fait, un seul blocage suffit à expliquer la faiblesse de la croissance et de la croissance potentielle de la zone euro. Contrairement à ce que l'on entend souvent dans le débat, il ne s'agit pas de la politique monétaire, qui a été en moyenne expansionniste depuis la création de la monnaie unique, à l'exception des périodes de crise (2008-2009, 2011-2012). Il ne s'agit pas davantage de la politique budgétaire, qui a été presque aussi expansionniste qu'aux États-Unis. En revanche, il s'agit bien de l'arrêt de la mobilité du capital entre les pays de la zone euro, arrêt qui empêche l'épargne de financer les projets d'investissement efficaces.

Quand la zone euro ne sert plus à rien

Cette situation perdurera tant que l'on n'aura pas fait repartir le marché interbancaire des prêts entre les banques des différents pays, donc tant que l'on n'aura pas restauré la confiance entre les acteurs financiers de la zone euro. Mais le cercle est vicieux car, sommés de faire disparaître leur déficit extérieur dès lors qu'ils ne trouvaient plus personne pour le financer, les acteurs des pays périphériques de la zone euro (entreprises, secteur public, ménages) ont taillé à la hache dans leurs investissements, ce qui constitue un handicap pour améliorer leur niveau de compétitivité et de croissance potentielle. Au passage, le fait que ces pays aient dû faire disparaître leur déficit extérieur et que la zone, prise dans son ensemble, affiche un excédent, non seulement déprime la croissance, mais fait courir à l'euro le risque de trop se réapprécier dans le futur en raison de la présence de cet excédent extérieur.

Un cercle vicieux s'est mis en place : les pays du Sud, notamment le Portugal, la Grèce, l'Espagne, qui ont tenté de restaurer les grands équilibres à coups d'austérité, sont aujourd'hui privés du nerf de la guerre, l'argent nécessaire à leurs investissements, et ne risquent pas de rétablir leur compétitivité ni de voir leurs économies converger avec celles du Nord.

En fait, le système aurait déjà dû craquer sans la prescription du bon docteur Draghi. Le *Quantitative easing* produit deux effets favorables à la convergence des revenus : il assure la convergence des taux d'intérêt entre les pays de l'union monétaire grâce aux achats de dettes de tous les pays par la Banque centrale, et il fait baisser le niveau des taux d'intérêt sous le niveau des taux de croissance, y compris dans les pays les moins productifs, ce qui y stimule tout de même l'investissement et la croissance. La Banque centrale européenne est en première ligne pour empêcher que la divergence des revenus ne déclenche un beau jour une crise politique et sociale conduisant tout droit à l'explosion de l'euro. Il ne reste plus qu'à attendre de savoir comment cette histoire finira, dès lors que tout le monde est bien conscient que la politique monétaire menée aujourd'hui ne pourra l'être éternellement…

De même, la formule de type plan Juncker ne peut compenser l'absence de mobilité des capitaux. On sait que, depuis le début de la crise financière, l'investissement est le parent pauvre de la croissance européenne. Malgré une reprise en 2015, il reste très en deçà de son niveau d'avant la crise, et surtout de ce qui serait nécessaire pour relancer la productivité et faire face aux transformations de l'économie. La Commission européenne a elle-même estimé que le « déficit » d'investissement dans l'Union européenne pouvait être évalué dans une fourchette de 270 à 330 milliards d'euros par an. Le *think tank* Bruegel l'a chiffré à 280 milliards. On est loin de ces chiffres avec le plan Juncker, même si le président de la Commission européenne a promis de « doubler la durée du Fonds et sa capacité financière » : le plan est prolongé jusqu'en 2022 et devrait permettre de mobiliser 630 milliards d'euros pour soutenir les investissements des entreprises. Voilà pour l'affichage. Mais la plupart des experts sont réservés quant à l'efficacité du dispositif et pointent la modestie des sommes déjà engagées, l'effet de substitution avec des mécanismes déjà existants, l'aléa des choix géographiques (le plan Juncker profite surtout aux grands pays, Royaume-Uni, France et Allemagne), l'impuissance à prendre les risques que le secteur privé refuse d'assumer (d'où l'absence du plan des pays les plus en difficulté, comme Malte, Chypre ou la Grèce), ou encore l'absence de toute stratégie globale. De toute manière, est-il bien raisonnable d'espérer pouvoir en quelque sorte « bureaucratiser » la mobilité des capitaux ?

Dans l'état actuel des choses, la zone euro ne sert à rien, puisqu'elle subit les inconvénients macroéconomiques de l'union monétaire (une seule politique monétaire, hétérogénéité croissante des spécialisations et des niveaux de revenus, nécessité de coordonner les politiques économiques) sans profiter de ses avantages dès lors que l'épargne n'y est pas utilisée efficacement.

L'UNION DE TRANSFERTS, UNE CRÉATURE DU DIABLE ?

Pour remédier à cette insuffisance de la demande, donc à cet excès d'épargne, au sein de la zone euro, certains experts et politiques – notamment en France – ont leur petite idée sur la question. Ils aimeraient pouvoir « exiger » de l'Allemagne, et accessoirement des Pays-Bas, que ces deux pays stimulent leur demande intérieure afin de faire disparaître excédent extérieur et excès d'épargne. Un coup de pouce à la demande intérieure allemande soutiendrait évidemment l'activité outre-Rhin, mais aussi celle des autres pays de la zone euro. Ainsi, on entend régulièrement tel ou tel expert, tel ou tel responsable politique, « suggérer » à Berlin d'investir davantage ; par exemple, dans ses infrastructures de transport, qui ont eu leur heure de gloire, mais mériteraient aujourd'hui un bon *lifting*. Une commission fédérale allemande a chiffré à quelque 10 milliards de dollars par an les investissements nécessaires au seul maintien en l'état du réseau actuel.

Pour autant, inutile de se bercer d'illusions : une telle suggestion n'a pratiquement aucune chance d'aboutir, sacrifiée sur l'autel de l'équilibre budgétaire et de la maîtrise des déficits. En outre, les ménages allemands ne sont pas enclins à consommer davantage, en dépit des fortes hausses de salaires octroyées ces dernières années. Préoccupés par le vieillissement démographique et par la dégradation des systèmes de retraite, dégradation encore aggravée par le niveau très bas des taux d'intérêt dû à la politique de la Banque centrale européenne, ils préfèrent continuer à remplir leur bas de laine (le taux d'épargne est remonté à 17 % du revenu disponible). On verra quel sera l'effet des milliards d'euros de baisses fiscales promis par Angela Merkel pour 2017.

La solution susceptible de lutter contre l'excès d'épargne consisterait à mettre en place, sous une forme ou sous une autre, une organisation plus fédérale de la zone euro. Régulièrement, on évoque la création d'un budget digne de ce nom, celle de fonds d'investissement communs à tous les pays de l'union monétaire (c'est la philosophie du plan Juncker financé par les émissions obligataires de la Banque européenne d'investissement, soit 65 milliards d'euros en 2016), voire l'instauration d'un « véritable » fédéralisme à base de transferts de revenus des pays les plus riches vers les moins riches afin de corriger les écarts de revenu par tête. L'idée étant que l'excès d'épargne allemand serait ainsi utilisé pour financer transferts, investissements, dépenses publiques en tous genres dans le reste de la zone euro, soit au moyen de prélèvements au profit d'un budget commun, soit par l'achat de titres émis par des fonds européens. Mais la seule évocation d'un transfert fait l'effet d'un chiffon rouge agité devant les yeux de l'opinion publique allemande, qui voit volontiers dans toute « union de transferts » une sorte de créature du diable. Et, s'il nous semble qu'à long terme le fédéralisme constitue une piste incontournable pour redonner un nouvel élan à la zone euro, chacun sait qu'il est absolument irréaliste d'y songer aujourd'hui.

Dès lors, il ne reste plus qu'une possibilité : rétablir la circulation des capitaux entre les pays de la zone euro. On l'a dit, les bénéfices associés (convergence des taux d'intérêt entre les pays sans intervention de la BCE, redressement de l'investissement et stimulation de la demande intérieure, possibilité d'éviter une surévaluation de l'euro dans l'avenir) seraient considérables. Encore faut-il se donner les moyens de restaurer la confiance entre fourmis et cigales…

Chapitre IV

Le poison du dogmatisme

Commençons par une petite devinette : qui peut bien, si l'on en croit le *Financial Times*, « paraître aussi ringard qu'un quinquagénaire qui met sa casquette de base-ball à l'envers en cherchant à suivre l'air du temps » ? Pour l'éditorialiste du grand quotidien des affaires londonien, pas de doute : la palme de la ringardise revient à trois chercheurs du FMI qui ont eu l'outrecuidance de remettre en cause deux ou trois dogmes de la pensée néolibérale. Tout est parti de la publication dans *Finances et Développement*, la revue trimestrielle du Fonds, d'un article au titre provocateur : « Le néolibéralisme est-il survendu[1] ? » Et si la question a fait l'effet d'une petite bombe dans le Landerneau des économistes et autres *think tanks* internationaux, c'est précisément parce qu'elle est

1. www.imf.org/external/pubs/ft/fandd/2016/06/ostry.htm.

posée par trois économistes d'un Fonds qui passe, aux yeux des contempteurs du néolibéralisme, pour le gardien du dogme néolibéral.

Derrière le titre sulfureux, les auteurs, Jonathan Ostry (numéro deux du département des études du Fonds), Prakash Loungani et Davide Furceri, soulignent que « certains aspects » de l'agenda néolibéral « n'ont pas répondu aux attentes ». C'est le cas en particulier, précisent-ils, de deux volets de cette politique : la libéralisation de la circulation des capitaux et la consolidation budgétaire, « parfois aussi appelée austérité », autrement dit les « politiques de réduction des déficits budgétaires et de la dette ». Et nos trois experts de s'avouer « troublés » par les conclusions issues de leurs travaux : « Au lieu de stimuler la croissance, ces politiques néolibérales ont augmenté les inégalités, lesquelles ont compromis tout espoir d'une croissance durable. » Ils critiquent l'obsession de la réduction de la dette dont le FMI a fait preuve dans le passé et affirment même qu'une baisse du ratio dette/PIB de 1 % est de nature à faire augmenter le chômage de 0,6 % et le coefficient de Gini (qui mesure les inégalités) de 1,5 %.

Cette analyse en forme de *mea culpa* – un *mea culpa* pour le moins « déplacé », si l'on en croit l'éditorialiste du *Financial Times* – ne signifie certainement pas que le fondamentalisme de marché a complètement disparu des couloirs du FMI et que nous assistons

– comme l'a proclamé, saisi d'une bouffée d'euphorie passagère, le chroniqueur économique du quotidien britannique *The Guardian* – « à la mort du néolibéralisme de l'intérieur ». Mais elle confirme, en direct du Saint des saints, que l'on commence à prendre conscience des dégâts qui ont été provoqués par le poison du dogmatisme néolibéral qui règne depuis les années 1980 sur la politique économique. Un dogmatisme qui a notamment imprégné les travaux préparatoires au traité de Maastricht et les décisions de l'agenda bruxellois qui ont suivi. En particulier depuis la crise de 2008.

L'injonction la plus controversée de ces dernières années porte sans aucun doute sur la réduction à marche forcée des déficits publics afin de revenir rapidement dans les clous prévus par le Pacte de stabilité et de croissance. Dès 2010, dans un contexte de dérapage sévère des finances publiques dû à la nécessité de lutter contre la crise financière, les pays de la zone euro ont été « invités » à tailler sans attendre dans leurs dépenses publiques, et ce malgré le fait que tous les Européens étaient frappés par les effets de la crise financière, et certains cruellement. Dans l'esprit de Bruxelles, il s'agissait de ramener déficits et endettements publics sur une trajectoire soutenable afin de maintenir la confiance des marchés obligataires et d'éviter que la contagion ne gagne les pays relativement épargnés par le creusement des dettes et les déficits. La potion a concerné en premier lieu la réduction des dépenses publiques, en particulier une baisse des revenus de transferts, et s'est révélée encore plus amère que prévu. Cette « consolidation budgétaire », comme disent pudiquement les experts, a représenté plus de 5 % du PIB de la zone euro entre 2010 et 2015 (environ 400 milliards d'euros).

Les mystères du « multiplicateur budgétaire »

Pour comprendre les conditions dans lesquelles s'est opérée cette « consolidation », il est utile de faire un petit détour par l'évolution de la pensée dominante en matière de politique budgétaire à travers l'histoire d'une notion pour première année d'étudiant en économie : le « multiplicateur budgétaire ».

Le concept a été développé par certains économistes « keynésiens » au cœur de la crise des années 1930 en réaction au dogme de l'équilibre budgétaire et des politiques de baisse des salaires qui faisait office de réponse adéquate à la sévère dépression qui minait l'économie mondiale à l'époque. Le raisonnement était le suivant : dans une situation de sous-emploi ou de crise économique, une relance budgétaire publique, par exemple *via* une augmentation de l'investissement public, entraînerait à terme une augmentation plus que proportionnelle (multiplicateur supérieur à 1) de l'activité économique et de l'emploi, faisant ainsi de la demande effective et anticipée le cœur même de la théorie économique moderne.

Cette approche théorique, qui connut son heure de gloire au cours des bien nommées Trente Glorieuses, est violemment battue en brèche dès les années 1980, dans la foulée de la révolution néoconservatrice des années Reagan-Thatcher et du fiasco de l'expérience socialiste française de 1981-1982. L'échec des thérapeutiques keynésiennes de relance économique par la demande est alors interprété comme la preuve tangible que l'économie mondiale traverse non pas une crise de la demande, mais une crise structurelle que la lecture néolibérale attribue à l'insuffisante rentabilité de l'offre.

Le diagnostic est conforté dans les années 1990 par l'approche « ricardienne » des anticipations rationnelles : en cas de relance budgétaire, les agents économiques, à commencer par les ménages, anticipent une hausse des impôts futurs associée à l'aggravation attendue du déficit et de la dette publics. Par réflexe de précaution, ils augmentent donc leur épargne et réduisent leur consommation en prévision de la charge supplémentaire à venir. Pour les critiques de l'approche keynésienne, le multiplicateur est alors nul, voire (si l'on en croit certains travaux menés dans les années 1990) carrément négatif. À cette époque se développe même tout un corpus théorique consacré aux bienfaits des politiques budgétaires restrictives, qui se traduiraient par un surplus de croissance et d'emploi grâce à la restauration de la confiance.

Ces travaux avaient vocation à être contestés, et ils le furent, mais ils ont contribué à ancrer pendant plusieurs décennies un courant défavorable aux politiques budgétaires actives (même si la pratique fut plus nuancée). Et c'est dans ce bain idéologique que furent définis les objectifs de convergence budgétaire de Maastricht, qui imposent une réduction substantielle des déficits publics (déficit public inférieur à 3 % de PIB et dette publique inférieure à 60 %), quelles que soient les évolutions cycliques. Dès lors, l'orientation budgétaire structurelle est devenue durablement restrictive, et ce de manière simultanée dans tous les pays.

Le dogme de la « consolidation budgétaire », un tueur de croissance

À la sortie de la crise de 2008, l'air du temps est plus que jamais à la consolidation budgétaire et à la limitation de l'endettement public. Notamment en Europe. Et, lorsqu'en 2011 éclate la crise des dettes souveraines européennes, Bruxelles ne se pose pas trop de questions. L'analyse dominante au Berlaymont, mais aussi bien à New York (FMI) ou à Paris (OCDE), reste que le multiplicateur budgétaire fait peu d'effets à court terme (avec un consensus autour de 0,5) et a un impact négligeable, voire négatif, à long terme, conformément à la théorie des comportements « ricardiens ». Bref, l'indispensable « consolidation budgétaire » n'est jamais qu'« un mauvais moment à passer », sans conséquences réelles sur la croissance de long terme.

Avec la rechute de 2012-2013 et le déclenchement de la crise des dettes publiques en Europe, la question du multiplicateur va faire un retour remarqué au cœur du débat sur les politiques d'austérité qui sont menées en Europe (et surtout en Europe du Sud) au moment même où la plupart des programmes de « consolidation budgétaire » sont mis en échec. Et c'est déjà dans le bureau de deux éminents économistes du FMI, Olivier Blanchard et Daniel Leigh, que la petite bombe va exploser. Dans un document de travail publié en janvier 2013, ils reconnaissent une mauvaise estimation du multiplicateur budgétaire (effet d'une variation du déficit public sur la croissance du PIB) et en corrigent, au vu des statistiques effectives de la croissance, les effets : « De nombreux documents, dont certains issus du FMI, suggèrent que les multiplicateurs fiscaux utilisés dans les prévisions se situent autour de 0,5. Nos résultats indiquent qu'ils se sont en fait situés entre 0,9 et 1,7 depuis le début de la crise[1]. »

Comme explication plausible, les auteurs suggèrent notamment que la base de calcul du multiplicateur sous-estimait l'impact des politiques d'austérité dès lors que les banques centrales ne peuvent plus en contrebalancer les effets (les taux sont déjà ramenés à zéro) et que les ménages et les entreprises, trop endettés, cherchent eux aussi à assainir leurs comptes et à réduire leur dette. Ils insistent sur le fait que l'impact d'une consolidation budgétaire sur l'activité se trouve amplifié lorsque tous les membres d'une union monétaire adoptent la même politique en même temps : chaque plan d'austérité national contribue à réduire aussi la demande chez les partenaires. Au bout du compte, pour les deux auteurs, le résultat est clair : une coupe dans les dépenses budgétaires accroît les déficits au lieu de les réduire. Clair et… contraire au but recherché.

Les deux économistes du FMI n'en déduisent pas qu'il faut renoncer aux politiques budgétaires restrictives, mais ils suggèrent de les mettre en œuvre avec discernement, en faisant preuve de vigilance sur le *timing* et sur la juxtaposition de politiques restrictives nationales. De nouveaux travaux

1. « Growth Forecast Errors and Fiscal Multipliers », janvier 2013.

de recherche ont confirmé depuis que, dans les périodes de sous-emploi, le multiplicateur budgétaire serait plutôt compris entre 1,5 et 2,5, c'est-à-dire qu'une réduction de 1 point de PIB de déficit public réduirait le niveau de PIB en volume de 1,5 à 2,5 points. Autrement dit, lorsque le chômage est élevé, toute réduction des déficits a tendance à tuer la croissance.

Discernement et vigilance auraient peut-être dispensé les autorités européennes de prolonger la crise de 2008 et de déclencher celle des dettes souveraines des pays périphériques trois ans plus tard. Un peu moins de dogmatisme et un peu plus de pragmatisme auraient permis d'attendre une amélioration visible des économies pour commencer à corriger les déficits budgétaires dans la zone euro. Si ce n'est la face du monde, au moins la vie de millions d'Européens en aurait été changée.

Un « QE » avec quatre ans de retard

Dans la (déjà) longue vie de la zone euro, le dogmatisme ne fut pas l'apanage de la politique budgétaire. Il a frappé aussi du côté de la politique monétaire. Pourquoi, par exemple, la Banque centrale européenne, confrontée aux dégâts provoqués par la crise de 2008, a-t-elle attendu mars 2015 pour lancer un programme de *Quantitative easing* qui avait été mis en place dès la fin de 2008 aux États-Unis, au début de 2009 au Royaume-Uni et au début de 2013 au Japon ?

Pour comprendre l'importance de ce retard à l'allumage, il faut commencer par rappeler en deux mots que le *QE* est une politique exceptionnelle que les banques centrales peuvent mettre en place en cas de crise de liquidité. Faute de pouvoir encore agir sur le prix de l'argent (lorsque les taux d'intérêt sont déjà au plancher), elles ont la possibilité d'augmenter la quantité de monnaie en circulation dans l'économie mondiale (d'où l'expression d'assouplissement quantitatif) pour soutenir l'activité en achetant elles-mêmes des obligations, essentiellement publiques, qu'elles paient en créant de la monnaie. Une version moderne de la planche à billets, avec le pari que ces liquidités parviendront, à terme, jusque dans le porte-monnaie des ménages et dans les comptes des entreprises.

Alors, pourquoi un tel atermoiement ? Tout simplement parce que, en 2011, l'inflation en zone euro tutoyait les 3 % et que, dans ces conditions, même « Super Mario » – le surnom flatteur donné à Mario Draghi, patron de la Banque centrale européenne – ne se sentait pas assez irrésistible pour convaincre les Allemands des vertus d'un programme de *QE*. L'obsession de Berlin d'un objectif d'inflation en zone euro strictement limité, quelles que soient les vicissitudes de l'économie européenne, à 2 % maximum s'est imposée à Francfort : la BCE a dû attendre que le freinage des salaires et la baisse du prix du pétrole pèsent sur l'évolution des prix au point de voir l'inflation en zone euro quasiment disparaître. Mais, en se lançant dans le *QE* quatre ans plus (trop) tard, Mario Draghi n'en a pas moins pris un risque : celui de tuer les assureurs européens en les condamnant à investir à des taux nuls, voire négatifs, de laisser gonfler une fois de plus des bulles en tous genres et de jouer avec la volatilité des marchés. Normalement, on crée de la monnaie si, et seulement si, il y a crise de liquidité. Ce n'était plus le cas en 2015, lorsque Francfort est sorti de sa torpeur…

Enfin, au palmarès des décisions dogmatiques qui coûtent cher en points de croissance à la zone euro, on peut évoquer aussi les nouvelles réglementations des banques qui, tout en partant d'objectifs en théorie raisonnables, aboutissent à une importante fragilisation du système bancaire.

Instruit des dégâts provoqués par la crise, le régulateur a légitimement souhaité mettre de l'ordre dans le système bancaire européen et faire en sorte de renforcer sa solidité en réglementant davantage : augmentation de leurs fonds propres pour réduire le risque de solvabilité (ils représentent 24 % du PIB de la zone euro en 2015, contre 16 % en 2008 et 14 % en 2002) ;

accroissement des réserves d'actifs liquides et des ressources à moyen terme pour diminuer le risque de crise de liquidité ; passage du *bail out* (sauvetage des banques par les États) au *bail in* (mise à contribution des actionnaires et des porteurs de dettes des banques plutôt que des États en cas de perte) afin de réduire l'incitation des banques à prendre trop de risques, ce qu'elles sont tentées de faire dès lors qu'elles se savent « assurées » par les États.

Cette approche de la régulation est toutefois très théorique et n'a pas été suffisamment réfléchie quant à ses conséquences pratiques. Là encore, une certaine forme de dogmatisme mâtinée d'idéologie a pris le pas sur une analyse plus pragmatique. En deux mots, voici pourquoi.

Les entreprises, premières victimes de la réglementation bancaire

Globalement, les nouveaux ratios réglementaires imposés aux banques de la zone euro réduisent leur capacité à prêter : augmenter l'encours de crédit consomme davantage de fonds propres, nécessite davantage de ressources longues, tandis qu'une partie croissante des ressources est immobilisée en réserve de liquidités. Il n'est donc pas surprenant de constater le début d'une désintermédiation du financement des entreprises : de 2008 à 2015, l'encours de crédit bancaire de celles-ci a baissé de 10 points de PIB quand celui des obligations d'entreprise augmentait de 7 points. Mais se financer sur les marchés financiers ne présente pas que des avantages lorsque l'incertitude croît ou que l'activité ralentit, surtout en Europe, où épargnants et investisseurs institutionnels ont vite fait de se précipiter sur les actifs sans risque. Pour les entreprises, notamment les entreprises moyennes, la conséquence a été immédiate : la prime de risque payée sur leurs obligations s'est mise à augmenter, ce qui renchérit sensiblement leurs coûts de financement, quand cela ne leur interdit pas tout simplement l'accès au marché.

Par ailleurs, le passage du *bail out* (sauvetage des banques en difficulté par les États) au *bail in* (pertes des banques supportées dans l'ordre par les actionnaires, les porteurs d'obligations, puis éventuellement les détenteurs de dépôts non assurés supérieurs à 100 000 euros) pour les banques de la zone euro avait au départ un objectif louable : faire disparaître l'incitation à une trop grande prise de risque. Mais il a aussi rendu les titres émis par les banques (actions, dettes subordonnées, dettes seniors) beaucoup plus risqués. En cas de ralentissement économique ou de simple augmentation de l'incertitude, les investisseurs sont incités à vendre ces titres, d'où la chute des valeurs bancaires en Bourse et la forte hausse des primes de risque sur les actifs qui financent les banques.

Autant d'éléments qui alimentent un comportement très procyclique des institutions financières : en cas de freinage de l'activité, le coût des ressources des banques augmente sensiblement, ce qui pèse inévitablement sur leur offre de crédit. En outre, la chute de leurs cours boursiers les décourage de développer leurs activités, puisqu'on sait qu'une entreprise est d'autant plus incitée à investir que sa valorisation boursière est élevée.

Conclusion, ce sont les entreprises de la zone euro qui pâtissent de cette évolution réglementaire, car elles perdent la capacité à se financer dans de bonnes conditions à la fois sur les marchés financiers et auprès des banques, ce qui n'était pas vraiment le but recherché.

Voilà au moins trois exemples qui montrent que les choix de politique économique de la zone euro privilégiés depuis 2008 ont été dominés par le dogmatisme, qu'il s'agisse de la réduction des déficits publics (trop précoce), de la mise en place du *Quantitative easing* (beaucoup trop tardive) ou de la réglementation des banques (trop théorique), dont les effets sur le coût de financement de l'économie ont été totalement négligés, tout comme l'impossibilité pratique de mettre en œuvre le *bail-in*. Dans tous les cas, une réflexion plus approfondie et plus pragmatique aurait été plus fructueuse pour le dynamisme de l'économie de la zone euro.

Cachez ce dérapage que l'on ne saurait voir !

Le poison du dogmatisme a des effets directs tout à fait significatifs. Il a aussi des effets indirects qui peuvent à terme poser problème dans la mesure où, les règles prises par pur dogmatisme étant naturellement faites pour être contournées, on assiste depuis quelque temps à des tentatives d'émancipation qui sont autant de risques de voir l'Europe se disloquer dès lors que les pays ne respectent plus les règles européennes qu'ils avaient acceptées. Avec, parfois, l'assentiment aussi impuissant que muet de Bruxelles.

Ainsi, certains membres de la zone euro – France, Espagne, Portugal – affichent aujourd'hui des déficits publics supérieurs à ceux qu'ils s'étaient engagés à ne pas dépasser. Leur solvabilité budgétaire n'est, de ce fait, pas assurée. Mais, faut-il le rappeler, les règles budgétaires de la zone euro ont été fixées bien avant que ne soient connus les travaux du tandem Blanchard/Leigh sur le niveau élevé du multiplicateur budgétaire en période de sous-emploi (ce qui est le cas en France, en Espagne et au Portugal). Paris, Madrid et Lisbonne ont donc désormais une bonne raison de prendre les recommandations des deux experts du FMI au pied de la lettre : mettre en œuvre toute politique de réduction des déficits publics avec discernement, en faisant preuve de vigilance sur le *timing* et sur la juxtaposition de politiques restrictives au sein de la zone euro. Pendant ce temps, Bruxelles détournera pudiquement les yeux : cachez ces dérapages que nous ne saurions voir ! Ainsi, en juillet 2016, le Portugal et l'Espagne ont eu droit à l'indulgence de la Commission, tandis que la France voyait l'examen de ses comptes publics reporté à 2017.

De la même manière, on pourrait citer la menace française, exprimée au cours de l'été 2016 par le Premier ministre Manuel Valls, de ne plus appliquer la directive sur les travailleurs détachés – un dispositif « qui fait des ravages majeurs, terribles, dans le monde des salariés, le monde ouvrier » – si Paris n'obtient pas gain de cause à Bruxelles sur sa demande d'un alignement « par le haut » des cotisations sociales versées afin de lutter contre le dumping social. On peut aussi évoquer la tentation du président du Conseil italien, Matteo Renzi, confronté à une grave crise bancaire, de prendre des mesures unilatérales pour sauver le système bancaire italien, en violation des règles européennes en la matière. Concrètement, cela signifie qu'il envisage sérieusement de recapitaliser les banques les plus fragiles de la péninsule avec des fonds publics (*bail-out*) sans avoir à appliquer les règles de renflouement interne par les actionnaires et les créanciers (*bail-in*) imposées depuis le 1er janvier 2016 par l'Union bancaire. Pour éviter une répétition du scénario de 2008, celles-ci prévoient en effet que, en cas de difficultés d'une institution financière, c'est désormais aux actionnaires de mettre la main à la poche pour la renflouer, puis à ses créanciers, et enfin à ses clients dont les comptes dépassent les 100 000 euros. Et ce, avant toute intervention publique. Or, en Italie, ce mécanisme pose un problème majeur dès lors que les dettes bancaires ont été vendues aux particuliers comme des placements « sûrs ».

Le *Brexit* a déclenché un débat fécond sur la pertinence de certaines réglementations européennes et sur la manière dont elles sont appliquées, mais le fait que l'UE devienne de plus en plus illisible pour les entreprises et pour les investisseurs du monde entier ne sera pas sans conséquences sur l'attractivité et la compétitivité de l'économie du continent. Les pessimistes se désoleront de voir ainsi se profiler le délitement rampant de l'Europe. Les optimistes préféreront se réjouir de constater que les règles fixées pour des raisons bureaucratiques ou idéologiques sont de moins en moins appliquées, et que cela devrait inciter les instances européennes à remettre sur le métier des règles et autres directives discutables, car décidées sous l'influence d'un écosystème dominé par un certain fondamentalisme néolibéral. Une évolution des esprits qui intervient, et ce n'est pas un hasard, alors que les pays du sud de l'Europe appellent de plus en plus bruyamment à sortir du « dogme de l'austérité ».

Chapitre V

Le grand marché unique : la grande illusion !

« Même s'il s'agit de l'une des plus belles réussites de l'intégration européenne, le marché unique ne donne pas encore sa pleine mesure. » En novlangue bruxelloise, la formule – issue d'un texte de la Commission destiné à relancer le marché unique[1] – suggère l'ampleur de la déconvenue : et si même « la » promesse de la zone euro par excellence, le grand marché unique économique, commercial et financier, n'avait finalement été elle aussi qu'une illusion ?

Ce devait être en effet la première « vertu » de l'Union européenne, celle que les pères fondateurs avaient mise en avant dès le premier jour : organiser la libre circulation des biens, des services, des capitaux et des personnes, et garantir l'absence de tout

1. « Améliorer le marché unique : de nouvelles opportunités pour les citoyens et les entreprises », 28 octobre 2015.

risque de change susceptible de venir freiner le mouvement. Avec autant de bienfaits déposés dans son berceau, on s'attendait à ce que la naissance de l'euro dope la croissance des échanges de biens et services – une croissance, rappelons-nous, censée faire de l'Europe la « première puissance du monde ». C'est en tout cas ce que François Mitterrand, alors président de la République, avait promis aux Français sur le plateau d'Antenne 2 au soir du 11 décembre 1991, alors que l'encre de la signature de l'accord sur le traité de Maastricht – qui serait ratifié officiellement le 7 février 1992 – n'était pas encore sèche.

Que de bienfaits, en effet ! Avec la même monnaie en poche, les habitants des divers États membres n'auraient plus à convertir leur devise pour commercer entre eux. Avec des prix des biens et services libellés dans la même monnaie, comparer serait pour eux un jeu d'enfant et ils pourraient mettre les entreprises en concurrence, ce qui ne pourrait qu'inciter celles-ci à baisser leurs tarifs et à proposer des biens et services toujours plus performants. Avec la libre circulation des capitaux, les entreprises, notamment les PME, pourraient se financer au meilleur coût partout dans la zone euro, et les épargnants optimiser l'allocation de leur bas de laine. Avec une liberté totale de circulation d'un pays à l'autre, rien enfin ne pourrait entraver la mobilité des capitaux, pas plus que celle des citoyens européens, salariés ou touristes, ce qui ne pourrait être que favorable à la croissance et à l'emploi.

Ne pas confondre l'euro avec l'EPO

On y croyait d'autant plus que de nombreux travaux académiques consacrés aux performances des unions monétaires étaient venus, dès le départ, conforter ce bel optimisme. C'est le cas, en particulier, de ceux menés par le tandem d'économistes américains Andrew K. Rose, professeur d'économie à Berkeley, et Reuven Glick, de la Réserve fédérale de San Francisco, en 2002. En utilisant des données relatives à plus de 200 pays sur la période 1948-1997, les deux chercheurs estimaient à l'époque que la création d'une union monétaire entraînait un doublement des échanges des États membres. Une projection enthousiasmante que les « eurolâtres » s'étaient empressés de reprendre à leur compte.

Les innombrables études réalisées par la suite sur la base des premières années d'existence de la zone euro faisaient preuve d'un optimisme plus mesuré, mais n'en concluaient pas moins aussi à un accroissement relativement significatif des échanges. Chacun y allait de son estimation chiffrée. Richard Baldwin[1],

1. « The Euro's Trade Effects », BCE, working paper n° 594.

économiste genevois, arrivait à la conclusion qu'une devise commune accroît les échanges de 30 % environ. Jeffrey Frankel[1] (Harvard) évaluait cette augmentation à 15 % sur les cinq premières années d'existence de la zone euro. D'une manière générale, ces travaux voulaient voir les monnaies nationales comme autant d'obstacles aux échanges, et l'intégration monétaire comme le vecteur d'un puissant essor de la production et des échanges dans un processus qui semblait devoir devenir endogène. De quoi nourrir le discours politique affirmant que l'euro allait, de par sa seule existence, installer l'économie européenne sur un sentier de forte croissance. Le fameux « engrenage vertueux » cher à Jacques Delors et à ses pairs. Avec le recul, on sait aujourd'hui que les prévisions n'ont pas été corroborées par les faits.

En affinant récemment leur recherche, Reuven Glick et Andrew K. Rose ont eux-mêmes sensiblement tempéré leur enthousiasme initial. Ils ont publié en 2016 de nouvelles conclusions soulignant que les bénéfices économiques de l'existence de l'euro continuent à faire débat et que, selon de nouveaux calculs, ils sont probablement de moindre ampleur que ceux observés à la faveur d'autres unions monétaires, et

1. « The estimated effects of the euro on trade : why are they below historical effects of monetary unions among smaller countries ? », NBER, working paper n° 14542.

surtout par rapport à ce que l'on avait espéré[1]. Était-il en effet raisonnable de comparer l'expérience des Bahamas, une minuscule économie déjà très dépendante de celle de son grand voisin américain, lorsque l'archipel a adopté le dollar US en 1966, avec l'impact d'une union monétaire entre deux grandes nations industrielles comme l'Allemagne et la France ?

En tout cas, les deux chercheurs ont affiné leur modèle économétrique en fonction du profil (et surtout du poids) des économies concernées et traité une base de données composée de près de 900 000 échanges bilatéraux pour quelque 200 pays sur la période 1948-2013. Cette nouvelle analyse les amène à une double conclusion : la confirmation que les unions monétaires ont un effet positif sur les échanges ; la révélation que l'union monétaire européenne a eu un impact beaucoup plus modeste que celui qu'ils avaient « mesuré » lors de leurs précédents travaux, et plus modeste aussi que celui observé à partir d'autres unions monétaires. Le grand marché unique : la grande illusion ?

Une analyse minutieuse des chiffres des exportations de chaque État membre vers la zone euro (rapportés au PIB de la zone) et vers le reste du monde (rapportés au PIB du reste du monde) montre

1. « How Much Does the EMU Benefit Trade ? », FRBSF Economic Letter, 21 mars 2016.

que, pour tous les pays, le ratio des premières est plus élevé que celui des secondes. Ainsi, les exportations allemandes de biens et services vers la zone euro représentent près de 5 % du PIB en valeur de la zone, contre moins de 2 % du PIB correspondant pour celles vers le reste du monde. La tendance se vérifie pour toutes les économies de la zone (pour la France, par exemple, les chiffres respectifs sont de 2,7 et 0,7 %), mais il n'y a rien là de bien surprenant : avec ou sans monnaie unique, il est assez naturel que les échanges entre pays géographiquement proches soient privilégiés.

La question de savoir si les exportations vers la zone euro ont progressé plus vite que vers le reste du monde est plus intéressante pour le sujet qui nous préoccupe : le fait d'avoir une monnaie unique constitue-t-il un avantage en termes d'échanges ? En fait, l'analyse chiffrée de l'évolution des exportations de biens et services depuis 1998 montre que peu de pays vérifient cette hypothèse. Dans cette catégorie, on trouve la France (mais seulement depuis 2011) et l'Autriche (depuis 2010), mais ni l'Allemagne, ni l'Italie, ni les Pays-Bas, ni la Belgique, ni l'Irlande, ni la Grèce. Et l'Espagne, le Portugal et la Finlande, seulement en 2015. La conclusion est donc plutôt décevante : pour doper les échanges, il ne faut pas confondre l'euro avec l'EPO ! Dans la très grande majorité des cas, l'existence d'une monnaie unique ne dope pas particulièrement les échanges commerciaux entre pays de la zone euro. Ce qui nous amène à penser que cette zone – contrairement aux prévisions mirobolantes des travaux de recherche – n'a pas encore les caractéristiques d'un grand marché unique économique et commercial.

Il y a manifestement loin de la coupe aux lèvres. Dans un document publié en mars 2015, les membres du Conseil européen lancent un appel pour qu'une stratégie « visant à libérer tout le potentiel du marché unique et à améliorer ainsi la compétitivité de l'économie européenne soit mise en place » et invitent les États membres et les institutions européennes à « agir d'urgence et de manière résolue, tant au niveau de l'UE qu'au niveau national, afin de renforcer l'intégration du marché unique et de contribuer ainsi aux réformes structurelles ».

Un diplôme spécial pour devenir fabricant de corsets

Surtout, ils énumèrent tout ce qui « cloche » au paradis du marché unique : « persistance d'entraves » au libre-échange des produits et services, « applications inadéquates » de nombreuses règles en vigueur, défaillance des procédures transfrontières de passation des marchés publics… Autant de ratés qui se traduisent par un niveau d'emploi inférieur à ce qu'il pourrait être et par des prix plus élevés que ce qu'ils devraient être. Les experts de la Commission ont même pris la peine de chiffrer ce que l'on pourrait espérer d'une « application plus ambitieuse de la directive sur les services » : une hausse de 1,8 % du PIB de l'Union. Le texte bruxellois ne fait que confirmer, en termes choisis, ce que toute entreprise de l'Union vit au quotidien.

Un certain nombre de secteurs des services – en particulier l'énergie, les transports, la finance et l'assurance – restent trop peu concurrentiels, ce qui bloque l'innovation et dissuade les entreprises (notamment les jeunes pousses) de développer de nouvelles offres, d'embaucher et de chercher à conquérir de nouveaux marchés. L'essor du commerce de gros et de détail (10 % de la valeur ajoutée, 13 % de l'emploi total) est entravé par une réglementation restrictive à l'entrée, ce qui limite le nombre d'ouvertures de magasins, freine la concurrence et débouche sur une augmentation des prix à la consommation. Par ailleurs, l'Europe compte actuellement plus de 5 000 professions réglementées qui font travailler plus de 50 millions de personnes, mais pourraient créer bien davantage de richesses et d'emplois si elles ne croulaient sous les obstacles réglementaires de toutes sortes. Un exemple parmi tant d'autres : il faut un diplôme spécial pour devenir fabricant de corsets en Autriche ! De même, il est souvent difficile aux étrangers d'accéder à certaines professions (octroi d'une licence, exigence de formation et autres barrières à l'entrée). Sans parler de l'opacité qui règne sur les mécanismes nationaux de passation des marchés publics, lesquels représentent pourtant une manne de plus de 2 300 milliards d'euros chaque année.

Le grand marché unique a des ratés et, plan de relance après plan de relance, Bruxelles a bien du mal à débloquer la situation. Dernier cheval de bataille de la Commission : le commerce en ligne, censé créer de nouvelles opportunités pour les entreprises et élargir l'accès des consommateurs aux biens et services. Or, là encore, les discriminations fondées sur la nationalité ou le lieu de résidence sont omniprésentes, qu'il s'agisse d'acheter un billet d'entrée pour un parc d'attractions, un livre ou un vêtement en ligne, ou un service d'utilité publique. Actuellement, 15 % seulement des consommateurs effectuent des achats en ligne dans un autre pays de l'UE et à peine 7 % des PME vendent à l'étranger alors que, si l'on en croit les experts de la Commission, un marché unique numérique performant pourrait représenter un apport d'au moins 415 milliards d'euros par an pour l'économie de l'Union.

La zone euro, machine à fabriquer de la croissance faible

Lorsqu'on compare la croissance de la zone euro à celle des États-Unis, du Royaume-Uni ou de la Suède, depuis la crise de 2008, on est obligé de constater que celle-ci est anormalement faible. Entre 2002 et 2015, le PIB en volume de la zone n'a progressé que de 13 % quand celui du Royaume-Uni augmentait de 25 %, celui des États-Unis de 27 % et celui de la Suède de 32 %. L'économie de la zone euro crée moins de richesses que les économies comparables. Il y a donc bien là un mystère à éclaircir.

Nous pensons que, si la zone euro est devenue cette machine à fabriquer de la croissance faible, c'est en raison des malfaçons originelles et autres erreurs de gouvernance que nous venons de passer en revue : absence de coordination pertinente des politiques économiques (avec son corollaire, le mauvais usage du « principe de subsidiarité ») ; refus de tout fédéralisme comme réponse nécessaire à l'approfondissement de l'hétérogénéité et de la divergence des niveaux de revenus entre les pays ; disparition de la mobilité du capital entre les pays de la zone euro, vertu cardinale de toute union monétaire si l'on veut que l'épargne se dirige vers les projets d'investissement les plus efficaces ; ravages du dogmatisme et de la bureaucratie, sans oublier la défaillance du grand marché unique commercial et financier, encore et toujours cadenassé par de nombreux verrous. L'incapacité chronique à avancer dans la voie d'une union économique et monétaire intégrée, porteuse de cohérence et d'efficacité, est le premier handicap de la zone euro.

Mais un second handicap nous semble encore plus inquiétant. L'expérience de la zone euro confirme que, dans une union économique et monétaire, autrement dit dans un accord de changes fixes, le poids de l'ajustement repose exclusivement sur les pays en difficulté, tandis que les pays en bonne santé sont dispensés de toute contribution. On parle dans ce cas d'ajustement asymétrique, et c'est bien ce que l'on observe aujourd'hui avec, d'un côté, les pays du Sud fragilisés comme jamais par les ravages des politiques d'austérité, et, de l'autre, les pays du Nord – à commencer par l'Allemagne et, à un moindre degré, les Pays-Bas ou l'Autriche – se refusant à toute concession qui permettrait d'équilibrer les efforts et de donner un contenu à la solidarité européenne.

L'asymétrie en zone euro est structurelle. Elle est due à la divergence de compétitivité et à l'hétérogénéité des structures productives, avec un poids de l'industrie beaucoup plus important dans le Nord que dans le Sud. Il en résulte des excédents extérieurs structurels dans les pays industriels, à commencer par l'Allemagne, et des déficits extérieurs tout aussi structurels dans les pays peu industriels et confrontés à des problèmes de compétitivité, et une forte dégradation des finances publiques. La mise en œuvre de l'Union économique et monétaire n'a pas corrigé cette divergence. Au contraire : le cercle infernal s'auto-entretient. C'est en tout cas ce que l'on observe depuis 2009 : les pays en manque de compétitivité ont dû faire disparaître leurs déficits extérieurs puisqu'ils ne trouvaient plus de prêteurs disposés à les financer, ils ont été contraints de réduire à marche forcée leurs déficits publics pour rétablir leur solvabilité budgétaire – un effort d'ajustement aussi violent qu'asymétrique puisque, au moins jusqu'à une période très récente, la politique budgétaire allemande n'était pas plus expansionniste. Les pays du Sud ont porté seuls le poids de l'ajustement, au prix d'une baisse terrible de leur niveau de vie et d'une hausse du chômage.

On avait déjà observé un processus similaire à l'œuvre avec le Système monétaire européen de 1987 à 1992. La stabilité des taux de change entre l'Espagne, l'Italie, le Royaume-Uni, la France d'un côté et l'Allemagne de l'autre explose en 1992, puis en 1993. Les pays qui avaient rejoint l'Allemagne dans le SME affichaient une inflation plus forte et ont vu rapidement – surtout l'Italie, le Royaume-Uni et l'Espagne – leur compétitivité se dégrader par rapport à celle de l'Allemagne (cela ne concernait pas tellement la France à l'époque). Cette évolution a provoqué une dégradation de leur commerce extérieur, un freinage de la croissance et une remontée du chômage. Une détérioration accentuée par le fait que, pour conserver des taux de change fixes avec l'Allemagne, ces pays ont dû mener des politiques monétaires restrictives – ce qui devint insupportable lorsque l'Allemagne monta fortement ses taux d'intérêt après la réunification de 1989, au moment même où ses partenaires européens devaient faire face à une récession. Un choc asymétrique (la réunification allemande) a été absorbé par un ajustement asymétrique dans l'autre sens, puisque ce sont les pays du Sud qui ont dû assurer la stabilité de leur taux de change vis-à-vis du deutsche Mark. C'est la raison pour laquelle, à l'époque, confrontés à la hausse des taux d'intérêt, à la montée du chômage, à la faiblesse de l'activité et à la dégradation de leur commerce extérieur, l'Espagne, l'Italie et le Royaume-Uni ont décidé de sortir du SME, de baisser leurs taux d'intérêt et de laisser leurs monnaies se déprécier.

Peut-on imaginer que les pays du Sud puissent être tentés demain d'en faire autant ? La question mérite évidemment que l'on s'y arrête, au moment où des voix s'élèvent, de plus en plus nombreuses, pour plaider en faveur d'une « sortie » de l'euro. Des voix

voix qui pourraient bien faire le plein de suffrages lors des prochains scrutins organisés cette année en Europe. Dommage que ce soit là une très mauvaise idée. Nous allons essayer d'expliquer pourquoi.

Chapitre VI

Par ici la sortie ?

Par ici la sortie ? Le *Brexit* a ouvert la boîte de Pandore. À l'occasion d'une campagne électorale agressive, les partisans du *Leave* (« quitter », en anglais) ont claironné tout haut ce que de nombreux citoyens de l'Union européenne pensent tout bas depuis longtemps : l'Europe est devenue un espace économique sans âme, qui ne les protège plus, ne les aide plus à trouver du travail, à vivre mieux et en sécurité. À Londres, mais aussi à Paris, à Rome, à Lisbonne ou à Athènes, tous incriminent le déficit de démocratie et rejettent en masse la technostructure bruxelloise. Le *Bruxelles bashing*, on le sait, est depuis longtemps le carburant privilégié de l'euroscepticisme. Avec le vote britannique, l'« option sortie » a conquis une nouvelle crédibilité, dès lors qu'un pays l'avait souverainement décidée. Ainsi, en France, les partisans du *Frexit* (*France Exit*) ont voulu voir dans le succès électoral du grand frère britannique une sorte de légitimation de leur démarche.

Y a-t-il un risque d'effet domino ? Les Européens ruminent-ils vraiment de se ruer vers la sortie ? Les enquêtes d'opinion montrent qu'une majorité de citoyens du continent reste attachée à la monnaie unique, mais on sait aussi qu'une minorité significative d'entre eux – plus d'un Européen sur trois, selon certaines enquêtes – pense qu'elle vivrait mieux en quittant le navire européen. Une tentation qui s'explique par le niveau de chômage (12 % en zone euro hors Allemagne), la désindustrialisation (en quinze ans, la zone euro hors Allemagne a perdu 20 % de ses emplois industriels) et les ravages des politiques d'austérité destinées à redresser la compétitivité, comme on l'a vu en Espagne, par exemple, où chaque foyer a perdu en moyenne 1,4 % de son pouvoir d'achat chaque année entre 2007 et 2014, et où un salarié sur cinq pointe au Pôle emploi local. Elle s'explique aussi par le calvaire d'une classe moyenne laminée par la disparition des emplois intermédiaires, en particulier dans l'industrie, et le creusement des inégalités. Et tant pis si, en réalité, cette dégradation, incontestable, ne doit pas grand-chose à Bruxelles, à Angela Merkel ou à Mario Draghi : nos concitoyens estiment que l'Europe n'a pas su les protéger de cette croissance « non inclusive » – une déception telle qu'ils en oublient même de se souvenir des belles choses (Galileo, Erasmus...) et se laissent gagner par la tentation du repli.

Ainsi, la sortie de l'Union et surtout de l'euro – ce qui n'est pas tout à fait la même chose – sera, à n'en pas douter, au cœur des prochaines campagnes électorales, notamment de la présidentielle française. Un certain nombre d'électeurs français ne manqueront pas de se montrer réceptifs, tant ils sont exaspérés par une grande décennie de croissance molle et de chômage de masse. En particulier les plus fragiles, les plus précaires, les moins qualifiés, qui se sentent abandonnés à leur sort. D'autant qu'il n'est pas faux de soutenir que l'existence de la monnaie unique, sans être à l'origine d'une glissade amorcée depuis plusieurs décennies, a accéléré le processus en privant le pays du recours si pratique à la dévaluation pour rétablir la situation chaque fois que la sous-compétitivité jetait l'économie tricolore dans le fossé.

L'austérité, une « saignée médiévale » selon Stiglitz

À l'appui de ce ressenti collectif (l'Europe n'a pas tenu ses promesses), le débat sur l'opportunité d'une « sortie » est alimenté dans l'Hexagone par les travaux d'économistes de divers horizons. La plupart des *Frexiters* partent des ravages engendrés par les politiques d'austérité. Ainsi, Jacques Sapir, directeur d'études à l'École des hautes études en sciences sociales (EHESS), devenu l'un des porte-drapeaux du *Frexit*[1], considère que l'euro, tel qu'il a été mis en place, a provoqué, directement ou indirectement, de 60 à 65 % du chômage français, et risque de nous coûter bien davantage encore en entraînant le démantèlement total de notre système social. Dans ses différents travaux et contributions, l'économiste pourfendeur du « consensus de Washington[2] » prédit une « crise extrêmement profonde » de la société française avant de défendre l'option d'une dissolution concertée de la zone euro, assortie pour la France d'une dévaluation de la nouvelle monnaie de 20 à 25 %[3].

Dans le monde entier, le destin de la monnaie unique suscite régulièrement son lot de travaux et autres prises de position fracassantes parmi les économistes. Ainsi, récemment, Joseph Stiglitz, prix Nobel d'économie

1. Il a publié *Faut-il sortir de l'euro ?*, Seuil, 2012.

2. Du nom d'un groupe d'économistes, d'universitaires et d'experts du FMI et de la Banque mondiale qui a mis au point une série de mesures néolibérales (privatisations, ouverture des marchés, déréglementation, discipline budgétaire) destinées au départ à stabiliser les économies des pays « émergents » d'Amérique latine, et bientôt considérées comme la bible censée guider toute bonne politique économique.

3. Jacques Sapir et Philippe Murer, « Les scenarii de dissolution de l'euro », *Res Publica*, septembre 2013.

et ancien économiste en chef de la Banque mondiale, l'une des stars du « nouveau keynésianisme », a publié un opus consacré à l'avenir de l'euro et de l'Europe[1], et son diagnostic n'est guère différent de celui de l'économiste français: pour lui, l'euro est responsable des maux dont souffre aujourd'hui la zone monétaire européenne et mènera, si rien ne change, les pays membres à leur perte. Il estime que les dirigeants européens n'ont donné aucune chance à leur projet initial et tué dans l'œuf tout espoir d'un enchaînement vertueux (prospérité, solidarité, intégration) dès lors qu'ils n'ont pas créé les institutions susceptibles de rendre la monnaie unique viable. Car, selon lui, la maîtrise de l'inflation et des finances publiques ne saurait suffire à garantir croissance et prospérité.

D'autant, ajoute-t-il, que les dirigeants européens ont mené ces dernières années des politiques économiques qui ont encore aggravé la situation. Avec, au premier rang de ces erreurs tragiques, les politiques d'austérité qu'il compare à la pratique de la « saignée médiévale ». Même s'il n'exclut pas que l'on puisse sauver la monnaie unique en changeant les règles et en modifiant le fonctionnement institutionnel de la zone (il propose notamment une sorte d'euro à deux vitesses), il affiche son pessimisme quant à la capacité

1. *The Euro and its Threat to the Future of Europe*, Allen Lane, 2016.

des dirigeants européens à « faire le job » et suggère qu'« un divorce à l'amiable serait préférable à l'impasse actuelle », avant de rappeler le destin de l'étalon-or après la crise de 1929 : « Ce sont les premiers pays à l'avoir quitté qui s'en sont sortis le mieux[1]. »

Ainsi légitimée par les meilleurs esprits, l'option de la sortie est-elle sérieuse ? Dans cette réflexion, il faut commencer par lever une ambiguïté : on a parfois tendance à confondre la question de l'appartenance à l'Union européenne et celle de l'appartenance à la zone euro. Or, de notre point de vue (c'est-à-dire si l'on se place d'un strict point de vue économique, à l'exclusion de toute considération d'ordre politique), l'une et l'autre n'ont rien à voir. C'est la raison pour laquelle, à long terme, le *Brexit* aura peu de conséquences pour l'ensemble des pays de l'Union européenne, alors que la sortie de l'euro d'un pays de la zone euro (le *Frexit*, dans le cas de la France) aurait des conséquences dramatiques. Nous allons essayer d'expliquer pourquoi.

Partons du point suivant : il y a peu de différences entre un pays de l'Union européenne non membre de la zone euro, la Suède par exemple, et un pays européen non membre de l'UE, mais qui a signé avec elle un accord bilatéral (libre-échange, adoption de règles communes), comme la Suisse. Les deux pays

1. « Réforme ou rupture de la zone euro », www.project-syndicate.org.

commercent beaucoup avec l'UE (les exportations vers l'Union représentent quelque 58 % des exportations totales pour la Suède, 42 % pour la Suisse), voient leurs monnaies varier vis-à-vis de l'euro et contribuent chaque année tous deux au budget de l'Union (0,1 % de son PIB en valeur pour la Suisse, 0,57 % pour la Suède en 2015). Car, pour accéder au marché unique, un pays comme la Suisse (ou la Norvège) doit accepter de se conformer aux réglementations européennes sans les voter, de participer au budget européen et de ne pas restreindre la liberté de circulation des ressortissants de l'UE.

Cela suggère que, au terme de la négociation qui va s'ouvrir, la situation du Royaume-Uni sera peu différente de ce qu'elle était auparavant, et que, au-delà de l'incertitude associée à la période transitoire, le *Brexit* ne constituera pas un choc majeur pour ses anciens partenaires de l'Union européenne. De la même manière, il n'y aura plus – pour les pays de la zone euro – aucune différence entre le Canada et la Suède lorsque Bruxelles aura finalisé l'accord de libre-échange entre l'UE et le Canada (CETA). Il y a quarante ans, la question de l'appartenance à l'UE avait un sens parce qu'il s'agissait de faciliter la libre circulation des biens, mais l'UE n'a plus de véritable contenu sur le plan économique dès lors que le libre-échange règne partout dans le monde (les droits de douane moyens n'y dépassent pas 3 %).

Une sortie ruinerait épargnants ou emprunteurs

Les pays de la zone euro sont dans une situation très différente de celle des pays de l'Union européenne non membres, et une explosion du système serait catastrophique pour au moins trois raisons qui tiennent aux mutations contemporaines de l'économie.

La première est la présence d'actifs et de dettes extérieurs de très grande taille dans les livres des États membres. Depuis une vingtaine d'années, on a en effet observé dans tous les pays de l'OCDE une augmentation sans précédent de la taille des actifs extérieurs bruts (autrement dit, le portefeuille que les investisseurs domestiques détiennent en actifs étrangers) et des dettes extérieures brutes (le portefeuille que les prêteurs étrangers détiennent en actifs domestiques), augmentation liée à la libéralisation des flux de capitaux associée aux politiques monétaires expansionnistes.

Ainsi, la France détient dans ses livres de comptes un actif extérieur brut qui représente quelque 300 % de son PIB en valeur (soit environ 6 300 milliards d'euros) et une dette extérieure brute du 325 % de PIB environ (6 700 milliards). Les chiffres sont respectivement de 260 et 215 % du PIB en valeur pour l'Allemagne, 140 et 170 % pour l'Italie, 150 et 250 %

pour l'Espagne. Or, cette envolée des dettes et actifs extérieurs est lourde de conséquences qui, manifestement, ne sont pas perçues par ceux qui préconisent la sortie de l'euro ou le protectionnisme.

Tout d'abord, il est clair que la moindre variation d'une devise, dans un sens ou dans l'autre, va provoquer immédiatement des effets richesse ravageurs. Si la monnaie d'un pays se déprécie, la valeur de son actif extérieur brut, libellé en devises, s'apprécie dans sa monnaie nationale, ce qui accroît sa richesse et soutient son économie. Et, compte tenu des montants dont nous parlons, le poids de cet effet prend désormais le pas sur l'impact de la dévaluation de sa devise sur son commerce extérieur. Prenons par exemple le cas des États-Unis (dont les actifs extérieurs bruts représentent environ 140 % du PIB en valeur) : une dépréciation de 10 % du dollar augmente de 14 points de PIB la valeur en dollars de ses actifs extérieurs, tandis qu'elle accroît de l'équivalent de 3 points de PIB seulement le volume des exportations. Dans l'autre sens, un pays qui disposera d'actifs extérieurs bruts importants n'aura aucun intérêt à réévaluer sa monnaie (ce serait le cas de l'Allemagne si elle sortait demain de l'euro) en raison de la perte induite en monnaie nationale sur ses actifs extérieurs. En clair, si l'Allemagne, avec ses 260 % de PIB d'actifs extérieurs, se lançait dans un tel scénario, elle ruinerait purement et simplement ses épargnants (les prêteurs).

De manière symétrique, les pays qui se trouvent à la tête de dettes extérieures brutes très élevées en devises ne peuvent se permettre de dévaluer en raison de la hausse induite de la valeur de leur dette en monnaie nationale. Le service de la dette extérieure brute, qui est libellée en euros, deviendrait insupportable pour tous les emprunteurs, qu'ils soient publics ou privés, ayant placé une partie de leur dette à l'étranger. Concrètement, c'est le cas des pays de la zone euro qui ont des dettes extérieures brutes en euros très importantes (rappelons qu'il s'agit de l'équivalent en valeur de 325 % du PIB pour la France, près de 300 % pour le Portugal, 250 % pour la Grèce ou l'Espagne, 170 % pour l'Italie).

Une sortie brutale de l'euro et la dépréciation de la nouvelle monnaie nationale qui s'ensuivrait se traduiraient par une hausse (proportionnelle à la dépréciation) de la valeur en monnaie nationale des dettes extérieures en euros, et tous les agents économiques ayant contracté ces dettes détenues par des non-résidents seraient ruinés, y compris les États. Ainsi, 64 % de la dette de l'État français, qui équivaut à 100 % du PIB, sont détenus par des non-résidents. Une dévaluation de 30 % de la nouvelle monnaie nationale associée à un *Frexit* représenterait un renchérissement de la dette de 19 % (30 % de 64 %), soit l'équivalent d'environ 400 milliards d'euros, soit près de 4,5 fois le budget de l'Éducation nationale, de l'Enseignement supérieur et de la Recherche dans la loi de finances 2017, ou encore 7 fois les aides et allocations distribuées chaque année par l'État. Contrairement à ce qu'on entend parfois un emprunteur en euros (même un État) ne peut pas transformer sa dette en euros dans une dette dans sa nouvelle monnaie. Ceci serait un défaut, avec toutes les conséquences associées.

Dans le cas français, par exemple, si la dépréciation atteignait 30 %, cela voudrait dire que la dette brute de notre pays (325 % de PIB en valeur) gonflerait de plus de 100 % de PIB, soit plus de 2 100 milliards d'euros. Avec, *in fine*, deux possibilités aussi mortifères l'une que l'autre : soit une augmentation insupportable du service de la dette extérieure pour tous les agents économiques (État, entreprises, institutions financières…) ; soit un défaut sur cette dette, qui leur fermerait évidemment l'accès aux marchés financiers et mettrait les banques et compagnies d'assurances en grande difficulté, voire en faillite. Les taux d'intérêt se mettraient à grimper sauvagement, cassant les reins de l'investissement des entreprises comme des ménages. Le pouvoir d'achat des Français serait amputé immédiatement, puis plus sournoisement au gré du cycle bien connu dévaluation/inflation. On imagine sans peine qu'une sortie de l'euro se traduirait, à terme, par un effondrement du PIB et par la destruction de centaines de milliers d'emplois dans le secteur marchand. Sans oublier les réactions en chaîne sur l'économie mondiale et sur les marchés financiers, dont l'ampleur est imprévisible.

Résumons-nous. Si un pays débiteur (Espagne, France, Italie, Portugal…) quitte l'euro, sa monnaie nationale se déprécie et, comme sa dette extérieure brute est libellée en euros, la hausse de sa valeur en monnaie nationale le ruine ou contraint les emprunteurs du pays à faire défaut. S'il convertit sa dette extérieure dans sa monnaie nationale, il y a perte massive en capital pour les prêteurs des autres pays.

Enfin, dernier point qui mérite d'être souligné : si un pays décidait de sortir de la zone euro, la cohésion de la zone et le processus de mutualisation partielle des dettes qui a été engagé perdraient toute crédibilité (Fonds européens, ESM, plan Juncker), ce qui conduirait à une forte dépréciation de l'euro assortie d'une hausse des taux d'intérêt des pays les plus fragiles. Qui peut dire ce que deviendrait le taux d'intérêt à long terme du Portugal ou de la Grèce une fois ces pays hors de la zone euro ? On le voit, la question cruciale des dettes et actifs extérieurs constitue un obstacle de taille à une « sortie heureuse », pour reprendre une expression très « tendance » ces temps-ci : difficile de commencer une nouvelle vie monétaire en ruinant ses épargnants ou ses emprunteurs ! Mais ce n'est pas le seul. Le phénomène de ce que l'on appelle la « segmentation de la chaîne de valeur », autre caractéristique des économies contemporaines, ne doit pas davantage être négligé.

Quitter l'euro, c'est s'appauvrir irrésistiblement

Depuis les années 1990, les processus de production sont segmentés entre les pays en fonction de leurs avantages comparatifs, les différents composants étant ensuite assemblés pour donner le produit fini. L'exemple a été maintes fois évoqué : 90 % des centaines de pièces qui composent l'iPhone d'Apple sont fabriquées aux quatre coins de la planète. Et le phénomène concerne aujourd'hui la production de la plupart des biens. Il explique d'ailleurs en partie l'augmentation du poids des importations des pays de la zone euro en provenance des pays émergents (en zone euro, les importations en provenance de l'ensemble des pays émergents hors Russie et OPEP représentent désormais près de 8 % du PIB en valeur de la zone, contre à peine 2 % en 1990). La segmentation de la chaîne de valeur implique que les produits importés sont devenus complémentaires des produits fabriqués sur le plan domestique (ils sont autant de composants du même produit fini) et que, dans la grande majorité des cas, ils n'ont plus de substitut fabriqué localement.

Cette évolution absolument fondamentale explique d'ailleurs que l'élasticité-prix des importations soit devenue insignifiante : en clair, le volume des importations est peu sensible aux variations de prix puisque, de toute manière, il faut importer les biens courants dont on a besoin et que l'on ne peut plus fabriquer. Ainsi, la dépréciation de l'euro (et l'instauration de droits de douane produirait le même effet) n'influence plus guère le volume des importations, mais en fait seulement monter les prix, comme on l'a constaté en 2010-2011 puis à partir de 2014 dans la zone euro, et donc réduit le pouvoir d'achat du revenu domestique. Une conclusion qui sera certainement de nature à chagriner les souverainistes et autres partisans du *Frexit* : désormais, une dépréciation de la monnaie ou des mesures protectionnistes constituent avant tout des facteurs d'appauvrissement pour les habitants du pays qui les décide.

Enfin, nous voudrions évoquer une troisième mutation susceptible de contrarier les espérances des candidats à la « sortie » : chaque pays doit aussi se débrouiller pour faire partie du club restreint des pays où l'industrie et les services qui lui sont liés ont encore de l'avenir afin de limiter les inconvénients associés à la disparition des emplois intermédiaires et à l'essor annoncé des économies de services. Une telle mutation signifie en effet des perspectives de croissance limitées, assorties de la création d'une multitude de petits boulots peu productifs et mal payés: aides à domicile, aides-soignants, infirmiers, assistantes maternelles, employés de l'hôtellerie-restauration, vendeurs... Autant d'emplois que les experts voient se développer à toute allure dans nos pays développés[1].

Pour maintenir un niveau de rentabilité élevé de leur capital et lutter contre les excès de capacités associés à la faiblesse de la demande mondiale de biens industriels (faiblesse appelée à durer, car l'économie mondiale devient de plus en plus une économie de services), les entreprises industrielles cherchent en effet à accroître leur efficacité en concentrant leur investissement sur un nombre limité de régions (par exemple, l'Asie du Sud-Est, l'Europe centrale ou le Mexique, voire, à l'intérieur de la zone euro, l'Espagne). Cette réduction du nombre de localisations industrielles a toutes les chances de s'opérer au profit de celles susceptibles de servir les marchés régionaux, c'est-à-dire des pays en libre-échange et ne présentant pas de risque de change. Un argument supplémentaire contre les charmes supposés de la dévaluation (sortie de l'euro) et du protectionnisme (quotas, droits de douane).

Voilà donc au moins trois bonnes raisons qui devraient faire réfléchir à deux fois les partisans d'une

1. France Stratégies et Dares, « Les métiers en 2022 », avril 2015.

ruée vers la « sortie », s'ils ne veulent courir le risque de fragiliser l'économie de la zone euro et d'appauvrir, voire de ruiner, un certain nombre de citoyens européens. Pour toutes ces raisons, la plus décisive étant la présence de dettes et d'actifs extérieurs bruts considérables en euros, l'éclatement de la zone euro nous paraît tout à fait improbable, sauf à prendre le risque d'un saut dans l'inconnu. Voilà pourquoi nous ne croyons pas au scénario qui consiste à voir dans les entorses faites à la règle (notamment la fin du respect des engagements budgétaires) les prémices d'une explosion de la zone euro.

Keynes ne sera pas notre sauveur

Nous croyons davantage à l'organisation d'une sorte de « bazar légal » : de plus en plus de pays vont céder à la tentation de « vivre leur Europe à la carte », et refuser de mettre en place les politiques, les règles européennes qui ne leur conviennent pas, prétextant les excès de pouvoir de la Commission et surtout les effets négatifs pour leur pays. Cette humeur frondeuse a déjà conduit, on l'a vu, plusieurs États membres (France, Espagne et Portugal) à ne pas respecter leurs engagements budgétaires, tandis que l'Italie faisait à son tour connaître son intention de renégocier les règles européennes afin de pouvoir élaborer un budget

2017 plus stimulant que celui « recommandé » par la Commission, compte tenu de l'énorme dette du pays (2 250 milliards d'euros en juin 2016). De la même manière, Manuel Valls, ancien Premier ministre français, a demandé à la gauche européenne de « militer » pour l'« assouplissement du Pacte ». Quant aux candidats à la primaire des Républicains à l'automne dernier, ils ont tous, sans exception, abandonné l'objectif de faire repasser le déficit public sous la barre des 3 % du PIB en 2017 ! Bref, l'air du temps est clairement à un aménagement plus ou moins sauvage des règles édictées par Maastricht. Avec la bénédiction tacite des gendarmes de l'orthodoxie.

Les ratés du libéralisme économique, depuis la crise financière de 2008, incitent en effet les grandes institutions à assouplir le volet « grands équilibres » de leurs recommandations. C'est vrai pour le FMI, avec son *aggiornamento* sur le multiplicateur budgétaire. C'est vrai aussi pour la Commission européenne, qui laisse désormais bafouer sans broncher les règles du Pacte de stabilité, sous les applaudissements des contempteurs de l'austérité « imposée » par Bruxelles et Berlin. Même si en 2013 le FMI a pris soin de préciser que son *mea culpa* sur le multiplicateur « ne signifie pas que le rééquilibrage budgétaire soit indésirable », trois ans plus tard, l'onde de choc est là, pour la bonne raison que le compteur de la croissance reste bloqué autour de 1 % et que la politique monétaire ultra-accommodante est à bout de souffle. Bref, les partisans d'une relance par la demande ont le sentiment d'avoir enfin été entendus !

Faut-il pour autant se féliciter du retour annoncé des préceptes du grand John Maynard Keynes ? Le fait que l'on soit allé trop loin dans l'austérité signifie-t-il qu'il faille renouer sans se poser de questions avec les bonnes vieilles recettes de l'auteur de la *Théorie générale* pour espérer relancer la croissance et l'emploi en zone euro ? Cette dérive n'est-elle pas de nature à compromettre, à terme, l'avenir de la monnaie unique ?

Il ne fait guère de doute que les partisans d'une sortie en bon ordre de la zone euro ont ce scénario derrière la tête : revenir à la monnaie nationale et récupérer l'arme du taux de change, assortie le cas échéant de mesures protectionnistes, afin de relancer la croissance de l'économie du pays en faisant un meilleur usage (comprendre : plus laxiste) des outils de politique économique au moyen d'une dévaluation accompagnée de la fin de l'austérité budgétaire et fiscale. Mais pourrait-on régler pour autant les « vrais » problèmes de la zone euro ?

Pour alimenter cet aspect de la réflexion, il faut revenir un instant sur un constat plutôt déprimant : la croissance de la zone euro n'a pas dépassé 1,5 % l'an en moyenne en 2015-2016 et, sans le double effet de la dépréciation de l'euro et de la baisse du prix du pétrole, elle n'aurait probablement pas excédé 0,5 % l'an. Un chiffre qui, en outre, doit être examiné à l'aune d'une politique monétaire expansionniste et de ses taux d'intérêt au plancher. De quoi rappeler une vérité que tout le monde – responsables politiques et économiques, experts… – rêverait d'oublier : la croissance spontanée, intrinsèque, de l'économie de la zone euro est faible. Elle est faible parce que confrontée à de sérieux problèmes structurels (éducation, formation, modernisation du capital, diffusion des nouvelles technologies, fiscalité défavorable à l'emploi). Ce chiffre confirme aussi, s'il en était besoin, que les politiques keynésiennes qui ont été menées depuis la crise de 2008 (d'abord le budget, puis la monnaie) sont impuissantes à corriger les « vrais » problèmes qui minent la croissance de la zone euro.

Le premier d'entre eux, répétons-le encore, est l'absence de mobilité internationale du capital à l'intérieur de la zone. Et, sur ce point, la solution n'est pas – comme on l'entend souvent – d'amener Allemands et Hollandais à dépenser à tout va, car ils n'ont pas besoin d'une telle politique, ou de faire en sorte que le plan Juncker compense par la mutualisation du financement d'investissements publics et de PME. La solution est de restaurer la mobilité du capital afin de permettre à l'excès d'épargne de ces deux pays de financer des investissements au Portugal ou en Espagne.

Le deuxième problème, crucial, est la divergence croissante des niveaux de revenus entre les pays, en l'absence de fédéralisme, divergence qui ne pourra être éternellement compensée par le dérapage des déficits publics – une thérapie à laquelle pratiquement tous les candidats français à l'élection présidentielle se sont une fois de plus ralliés sans état d'âme.

Plus que d'un trop faible niveau d'investissement dans l'absolu, l'insuffisance chronique de l'investissement en nouvelles technologies et de la modernisation du capital – insuffisance qui contribue à la faiblesse des gains de productivité – est le troisième problème qui mine la croissance de l'économie de la zone euro en la piégeant dans un niveau de gamme qui la place dans la position inconfortable d'avoir à soutenir la concurrence de pays à niveaux de salaire beaucoup plus bas (Europe centrale, Chine, Turquie). Et ce n'est certainement pas en dépréciant l'euro que l'on rectifiera le tir.

Enfin, dernier défi fondamental qu'il faut rappeler sans cesse : la population active de nombreux pays de la zone euro manque des compétences nécessaires au développement d'une économie à la frontière technologique, comme le montre à chaque livraison l'étude OCDE sur les compétences des adultes (PIAAC) : le trio France, Italie, Espagne pointe dans les profondeurs du classement, très loin derrière le Japon, la Finlande, les Pays-Bas, la Suède ou la Norvège. Une situation qui contribue aussi à expliquer la faiblesse des gains de productivité et le niveau élevé du chômage structurel dans cette partie de l'Europe (rappelons que, en 2016, le taux de chômage en zone euro est resté scotché à 10 % de la population active), en particulier pour les moins qualifiés (19 % pour les non-bacheliers).

On peut donc raisonnablement douter que, du moins sur le long terme, les politiques keynésiennes – appliquées à soigner les conséquences des problèmes structurels, et non les problèmes eux-mêmes – soient adaptées à la problématique du redressement de la croissance et de la croissance potentielle en zone euro. Keynes ne sera pas notre sauveur.

Une autre Europe est possible

La demande de « moins d'Europe » qui monte un peu partout sur notre continent est, sinon légitime, du moins compréhensible. Mais si elle se concrétisait, dans les mois et les années qui viennent, par la transformation de l'Union européenne en une vaste zone de libre-échange saccagée par la généralisation de cette concurrence qui existe déjà *via* les coûts salariaux ou la fiscalité, sans règles communes ni coordination des politiques économiques, la situation deviendrait catastrophique pour les pays les moins résistants de la zone euro, incapables de corriger l'évolution de leur compétitivité en dépréciant leur monnaie. Sans fédéralisme maîtrisé, sans coordination des politiques économiques, en particulier celles qui affectent les coûts de production (politiques salariales, fiscalité des entreprises), sans mobilité du capital, la divergence déjà prégnante entre création de richesse et niveau de revenu risque d'aller en s'accentuant entre les pays jusqu'à déboucher sur une situation politique et sociale intenable.

Il faut au contraire « plus d'Europe », et non pas « moins d'Europe », mais dans une tout autre configuration que celle qui prévaut aujourd'hui. L'organisation actuelle de l'Europe n'est plus tenable, puisqu'elle débouche sur une situation explosive où domine le sentiment d'appauvrissement, de précarisation et d'inégalités. Un cocktail qui fera exploser la zone euro tôt ou tard si l'on n'introduit aucun mécanisme correcteur, aucune gouvernance nouvelle. Il est grand temps de réfléchir sérieusement à la nature des politiques économiques susceptibles de préserver le projet européen de la catastrophe. Une autre Europe est possible. Il ne s'agit pas d'en « sortir », mais de la refonder.

Chapitre VII

Des solutions existent

« C'est la première fois, dans mon expérience consciente de la coopération européenne, que je pense que le projet pourrait réellement échouer. » Celui qui parle ainsi n'est pas un illustre inconnu égaré dans les arcanes de la Commission européenne, mais Frans Timmermans, le numéro deux de la Commission et ex-ministre des Affaires étrangères néerlandais. Son ouvrage, *Fraternité, retisser nos liens*[1], sonne comme un véritable cri d'alarme : déjà paralysée, l'Europe n'a jamais été aussi près de se disloquer, victime de l'enchaînement de crises simultanées (*Brexit*, réfugiés, chômage, appauvrissement de la classe moyenne, montée des populismes...) et de la virulence des attaques dont elle fait l'objet. Une situation sans précédent. Une situation historique aussi qui oblige les gouvernements européens, qui semblent aujourd'hui

1. Éditions Philippe Rey, 2016.

tétanisés par la peur de ce qui pourrait advenir, à se montrer à la hauteur des enjeux : réinventer un projet plus efficace, plus solidaire, et proposer aux citoyens européens un récit de ce que nous voulons faire ensemble pour les générations futures. En commençant par préserver l'intégrité de l'Union européenne, ce qui signifie réfléchir à une nouvelle politique et à une nouvelle organisation institutionnelle qui évite que d'autres pays soient tentés de la quitter.

Cinq priorités pour refonder

Avant de réfléchir à ce à quoi pourrait ressembler une nouvelle organisation institutionnelle de l'Europe, il faut commencer par se demander de quoi nous avons absolument besoin pour que le projet européen soit plus efficace et plus inclusif. Et, pour cela, nous résumons ici rapidement les principales conclusions de notre diagnostic.

– Nous avons besoin de mieux coordonner nos politiques économiques. Mais coordonner ne veut pas dire tout harmoniser. Nous pensons au contraire qu'il faut commencer par rejeter fermement l'idée d'une harmonisation ou d'une coordination générale de l'ensemble des politiques économiques, des réglementations et des normes. Bien sûr, on l'a dit, dans certains domaines – limités –, l'Europe doit parler d'une seule voix. Mais, pour le reste, nous avons besoin d'une subsidiarité fondée sur une analyse sérieuse des externalités, assortie d'un exercice sans faille du principe de subsidiarité. C'est cette analyse, et aucune autre, qui doit déterminer le choix entre la coordination des politiques économiques et des réglementations et le maintien de la décision au niveau national. Si les externalités sont faibles (réglementation de la vie quotidienne, taux de TVA, profil de la protection sociale), les décisions doivent rester nationales. Si elles sont fortes, en particulier parce que les politiques génèrent des biais de concurrence (cotisations sociales des entreprises, taxation des profits, réglementations financières…), il faut coordonner les politiques économiques et réglementaires.

Cette coordination/convergence ne doit toutefois être ni systématique ni aléatoire, comme c'est le cas aujourd'hui, mais réservée aux volets qui génèrent des externalités fortes d'un pays à l'autre. C'est le cas en particulier de tout ce qui touche à la concurrence fiscale, sociale et réglementaire entre les pays, dont la réduction favoriserait l'amélioration de la situation des pays les plus pauvres et contribuerait à restaurer le sentiment de solidarité qui a disparu à la fois entre pays membres et à l'intérieur de chaque pays, avec ses nombreuses conséquences politiques et sociales.

– Nous avons besoin d'une dose suffisante de fédéralisme. Nous sommes absolument convaincus que la divergence des niveaux de revenu par tête va provoquer un jour ou l'autre, si l'on n'y prend garde, une crise politique très grave et l'explosion de l'euro. Pour corriger ces écarts mortifères, il est nécessaire d'introduire – c'est sans doute politiquement le point le plus difficile – une dose suffisante de fédéralisme et, d'une manière ou d'une autre, de transférer des revenus des pays les plus riches vers les pays les plus pauvres (budget fédéral digne de ce nom, mise en commun de morceaux des systèmes de protection sociale – indemnisation du chômage, retraites –, fonds européens d'investissement de grande taille...).

– Nous avons besoin de restaurer d'urgence la mobilité du capital : l'excès d'épargne de l'Allemagne (et, dans une moindre mesure, de l'Autriche) n'étant plus prêté aux autres pays, cela ruine l'objectif théorique fondamental d'une union monétaire, qui est d'optimiser l'allocation de l'épargne dans la zone et donc de doper la croissance potentielle. Le rétablissement de la circulation sans entraves des capitaux serait porteur de bénéfices immenses : redressement de l'investissement et stimulation de la demande intérieure, ce dont la zone euro a bien besoin actuellement ; convergence des taux d'intérêt dans les différents pays sans recourir à l'intervention de la BCE, intervention qui ne pourra pas être éternelle ; possibilité d'éviter une surévaluation contre-productive de l'euro. Et, pour y parvenir, il faut tout faire pour restaurer la confiance dans la solvabilité des pays en délicatesse avec leurs dettes et leurs déficits, dans la solvabilité de leurs banques et dans la rentabilité de leurs projets d'investissement, quitte à solliciter l'appui d'une expertise extérieure à la manière du plan Juncker.

– Nous avons besoin d'une dose d'Europe à la carte. Pour soigner la paralysie qui gagne sans avoir à obtenir l'unanimité dans tous les domaines et pour redonner un nouvel élan au projet européen, l'UE doit mener à bien des projets concrets, visibles et qui apportent manifestement un « plus » à la communauté des citoyens européens. Certains pays peuvent décider d'avancer ensemble sur tel ou tel domaine (défense, énergie, recherche, morceaux de la protection sociale, investissements...) sans que tous se sentent forcément concernés. On pourrait imaginer des groupes de pays à géométrie variable qui coopèrent sur tel ou tel sujet spécifique dans le cadre de « coopérations renforcées ».

– Nous avons besoin d'investir pour répondre au défi lancé par la bipolarisation du marché du travail et la paupérisation de la classe moyenne. Même si l'Europe n'est nullement responsable – contrairement à ce que certains politiques voudraient parfois nous faire croire – de la bipolarisation inédite du marché du travail et de la disparition des emplois intermédiaires, elle n'est pas pour autant dispensée d'y apporter une réponse spécifique. Bien au contraire. Car cette tendance lourde lance un défi que les dirigeants européens, champions d'un certain modèle social et d'un certain art de vivre, se doivent de relever. Revenons un instant de manière plus précise sur ce point.

Montée en gamme et savoir-faire, seuls remèdes à l'appauvrissement des classes moyennes

Lorsqu'on observe l'évolution de la structure des emplois, en zone euro (surtout en dehors de l'Allemagne) comme dans l'ensemble des pays riches, on constate que les emplois intermédiaires, en particulier industriels, disparaissent tandis que l'emploi se répartit de plus en plus aux deux extrémités : d'un côté, une minorité d'emplois qualifiés à revenus élevés, notamment dans les nouvelles technologies, les services aux entreprises et les services financiers ; de l'autre, une pléthore d'emplois peu qualifiés, mal rémunérés, notamment dans les services peu sophistiqués tels que le commerce, l'hôtellerie-restauration, les loisirs, les services à la personne.

En fait, cette tendance a très peu à voir avec l'Europe ou avec les politiques économiques qui y sont menées. L'appauvrissement de l'industrie est apparu dans des pays qui n'ont pas su réagir à temps à la concurrence des pays émergents en montant en gamme et dont la compétitivité-coût – compte tenu du niveau de gamme – s'est dégradée. En Europe, il s'agit notamment de la France, de l'Italie, du Portugal, de la Grèce et, jusqu'à une période récente, de l'Espagne. N'oublions pas qu'en France, par exemple, l'emploi dans le secteur manufacturier est tombé sous la barre des 10 % du total des emplois (contre 14 % au tournant du siècle). Cette contraction de l'industrie a été aggravée par l'insuffisance de la modernisation du capital, par le faible niveau de compétences de la population active, et s'est amplifiée récemment en France, en Italie ou au Portugal par le redressement de la compétitivité en Espagne, où les investissements des entreprises sont repartis depuis 2013 (au détriment de ceux des autres pays de la zone euro). Par ailleurs, l'essor des emplois dans les services peu ou pas qualifiés est un phénomène mondial que l'on observe dans la plupart des économies développées, en Europe, mais aussi aux États-Unis, car il est lié au glissement de la demande vers les services dans les économies vieillissantes à niveau de vie élevé.

À l'autre bout du spectre, le secteur des nouvelles technologies offre certes des emplois très qualifiés au revenu élevé, mais, contrairement à une idée reçue, c'est un secteur qui ne se développe plus aujourd'hui et qui a atteint le stade d'une économie mature. Sur ce point, il faut toujours avoir à l'esprit que même aux États-Unis, berceau des nouvelles technologies, l'emploi dans le secteur des technologies de l'information et de la communication (TIC) ne représente que 3,6 % de l'emploi total (2,5 % en zone euro, 3,4 % au Royaume-Uni, 3 % au Japon), un étiage qui stagne depuis plus de dix ans ! Ces tendances – désindustrialisation, développement des services peu sophistiqués, stabilisation de la taille du secteur des TIC – constituent autant d'évolutions spontanées, endogènes, des économies européennes comme de l'ensemble des économies des pays de l'OCDE, et ont un fort impact sur l'évolution et la répartition des revenus à l'échelle de la planète.

Tout comme la première mondialisation (entre 1850 et 1914) avait bénéficié avant tout à l'Amérique et au Vieux Continent, tandis que la Chine et l'Inde notamment voyaient leur richesse régresser, il y a évidemment des gagnants et des perdants de cette deuxième mondialisation que nous connaissons aujourd'hui. Ainsi, les études menées par les experts de la Banque mondiale à partir d'une série de statistiques collectées dans 130 pays sur la période 1988-2008 montrent clairement que deux catégories de la population mondiale ont vu leurs revenus progresser fortement : les classes moyennes asiatiques (Chine, Inde, Vietnam, Thaïlande, Indonésie) et les plus riches un peu partout dans le monde, mais surtout aux États-Unis. En revanche, les classes moyennes européennes et américaines ont vu leurs revenus stagner sur la période. Des évolutions lourdes qui se prolongent depuis la crise. Elles fabriquent évidemment une énorme frustration du côté des classes moyennes américaines et européennes, qui se sentent dévalorisées – ce qui explique en grande partie l'élection d'un Donald Trump aux États-Unis comme la victoire du *Brexit* en juin dernier au Royaume-Uni, ou le succès d'audience obtenu par les candidats des partis extrêmes un peu partout en Europe.

La seconde moitié du XXe siècle fait finalement figure d'exception dans l'histoire économique moderne comme la seule période qui a vu simultanément la richesse mondiale augmenter considérablement et les inégalités diminuer sensiblement, alors qu'auparavant l'augmentation de la richesse mondiale entraînait celle des inégalités, comme c'est à nouveau le cas depuis la fin du siècle dernier. Mais, même si, en l'espèce, cette situation relève avant tout de la dynamique spontanée des économies dans la phase actuelle de la mondialisation plutôt que de la politique économique européenne, elle appelle une réponse spécifique de l'UE – réponse qui s'annonce délicate à mettre en place.

Tant politiquement qu'économiquement, nous avons besoin d'une réponse européenne à ce grand chambardement. Et, dans cette nouvelle donne mondiale (évolution vers une économie de services et vieillissement), les pays de la zone euro (notamment la France) ne trouveront leur salut que dans la montée en gamme et en savoir-faire. Un postulat qui signifie, selon nous, plusieurs contraintes : ne pas renoncer à développer, de manière ciblée mais volontariste, une industrie européenne ; prendre une place de choix dans l'économie digitale en investissant massivement sur l'innovation et le numérique ; former sans relâche les salariés européens aux emplois d'avenir. Car, sur tous ces fronts, la zone euro accuse du retard et celui-ci n'a aucune chance d'être corrigé par des mesures de nature keynésienne.

Un rôle central pour la zone euro

Pour avancer sur ces différentes priorités, il nous semble qu'il faut donner une nouvelle organisation institutionnelle à l'Europe. Celle-ci doit être centrée sur la zone euro avec une intégration plus forte que celle que nous connaissons aujourd'hui.

En effet, le besoin de coordination n'est fort que dans la zone euro. En régime de changes flexibles, les écarts entre les pays concernant les coûts de production, la fiscalité, les règles du marché du travail, peuvent être corrigés par les variations des taux de change, mais ce n'est pas le cas en zone euro. La coordination est, en revanche, centrale en zone euro, à condition toutefois que l'on parle de la coordination déjà évoquée plus haut, c'est-à-dire une coordination que l'on pourrait qualifier d'« intelligente », efficace, centrée sur les décisions de politique économique essentielles et celles qui fabriquent des externalités.

De même, le besoin de fédéralisme n'est fort que dans la zone euro puisque c'est l'existence de la monnaie unique (la disparition du risque de change) qui permet aux pays de la zone euro de se spécialiser différemment (la valeur ajoutée du secteur manufacturier pèse plus de 20 % du PIB en volume en Allemagne, 10 % en France, 7,5 % en Grèce ; la balance commerciale du tourisme représente 7 % du PIB grec en valeur, 4 % au Portugal, quand elle tangente le zéro en France et est négative en Allemagne).

Enfin, nous avons montré qu'il n'y a pas beaucoup de différences entre un pays de l'UE non membre de la zone euro (Suède, Pologne, Hongrie, etc.) et un pays européen qui n'est pas dans l'UE, mais qui a signé un accord bilatéral de libre-échange avec l'UE (Norvège, Suisse) et qui respecte les règles de l'UE, contribue à son budget, en échange d'un accès au marché unique. Rien n'empêche donc Bruxelles de construire des accords bilatéraux entre la zone euro et les pays européens non membres de l'euro portant sur les échanges commerciaux, la circulation des personnes, les règles (budget, marché du travail, concurrence...) qui s'appliquent ou non à ces pays. Cela favoriserait une pratique flexible et un traitement différent des pays en fonction de leur niveau de développement (en Suisse, le PIB par habitant se monte à 71 000 euros, en Norvège à 69 000, mais en Bulgarie ou en Roumanie il atteint à peine les 10 000 euros – 32 000 pour la moyenne de la zone euro). Une telle organisation rendrait cohérents le régime de change et les contraintes sur les politiques économiques, permettrait de gérer avec souplesse une Europe à plusieurs vitesses, à plusieurs niveaux de vie.

Ainsi, on pourrait dessiner à grands traits une sorte de zone euro « idéale » où les pays coordonneraient intelligemment leurs politiques économiques, intégreraient leurs marchés financiers et bancaires afin que l'épargne circule librement, et mèneraient les réformes structurelles nécessaires, parfois en solo, parfois en coopération (éducation, concurrence, règles du marché du travail...). Une zone, enfin, où les pays respecteraient un certain nombre de règles visant à obtenir la stabilité économique, notamment en matière d'inflation, de déficits et d'endettement. Et cette gouvernance idéale serait réalisée grâce aux vertus conjuguées de l'action d'un centre intégré (la zone euro) assortie de coopérations à géométrie variable parmi les pays membres de l'UE, ce qui conférerait à l'ensemble une souplesse et une flexibilité plus dynamiques que le système actuel. À condition toutefois que ces coopérations ne soient pas décidées de manière anarchique.

Peut-on pour autant aller jusqu'à soutenir – comme veulent le croire les dirigeants des institutions européennes, de nombreux experts et… Berlin – que, si cette zone « idéale » se concrétisait, tous les problèmes de la zone euro disparaîtraient comme par enchantement ?

Le moment est venu de prononcer le mot qui fâche et d'introduire la question, au moins aussi politique qu'économique, du fédéralisme. Une question qui reste explosive, tant elle surdétermine les approches des uns et des autres. Mais l'idée selon laquelle tous les problèmes de la zone disparaîtraient est, selon nous, une idée fausse : même dans cette zone euro « idéale », la forte hétérogénéité entre pays et niveaux de revenu subsisterait en raison des différences entre les avantages comparatifs des uns et des autres, donc de la variété des spécialisations productives. D'où la nécessité d'introduire un minimum de fédéralisme pour réduire l'hétérogénéité entre pays et limiter les risques d'explosion.

Aux caractéristiques de la zone euro « idéale », version berlinoise ou bruxelloise, nous ajouterons donc une bonne dose de fédéralisme, sans nous faire trop d'illusions : pour certains pays, à commencer par l'Allemagne, le fédéralisme reste inimaginable, en tout cas dans un horizon raisonnable. C'est dire si la nouvelle organisation institutionnelle pour l'Union européenne sera difficile à mettre en œuvre et exigera persévérance et volonté politique forte. Il y a pourtant urgence. Au niveau de l'Union, la multiplication des coopérations renforcées avec autant d'Europe que de sujets peut finir par créer un grand désordre et rendre notre continent totalement illisible pour le reste du monde. Au niveau de la zone euro, la difficulté à faire avancer les questions de coordination et de fédéralisme dans l'intérêt commun constitue un obstacle de taille.

Personne n'a intérêt à la coordination

L'Europe n'a jamais été capable de définir correctement ce qui devait être coordonné et ce qui pouvait ne pas l'être, et encore moins de pratiquer une coordination au long cours cohérente et efficace (absence de volonté politique suivie, bureaucratie, dogmatisme...). Surtout, le réalisme oblige à admettre que les pays n'ont pas beaucoup d'incitation à coordonner leurs politiques économiques.

En régime de taux de change flexibles, un pays peut hésiter à mener une politique agressive de baisse des coûts pour conquérir des parts de marché vis-à-vis des autres pays, dès lors que la baisse de ces coûts risque d'être compensée par l'appréciation de sa devise. Ainsi, à la fin des années 1980 et dans la première moitié des années 1990, on a eu l'occasion de vérifier que les effets positifs sur la compétitivité-coût des produits allemands de la modération salariale pratiquée outre-Rhin par rapport à l'Espagne, à l'Italie ou au Royaume-Uni étaient totalement neutralisés par les dépréciations de la peseta, de la lire et de la livre à partir de 1992. *A contrario*, le retour au plein-emploi observé aux États-Unis depuis la crise de 2008-2009 n'a pas débouché sur une augmentation des salaires en raison de la forte flexibilité du marché du travail outre-Atlantique, mais l'appréciation du billet vert n'a pas permis pour autant d'améliorer la compétitivité-coût des entreprises américaines. Deux exemples parmi d'autres qui montrent que, si une baisse des salaires peut voir ses effets sur la compétitivité-coût annulés par une appréciation de la monnaie, l'incitation à mener une politique salariale non coopérative est faible.

Dans une union monétaire, en revanche, et tant que les autres pays de la zone ne pratiquent pas la même politique, une baisse des coûts salariaux procure un avantage de compétitivité-coût qui peut avoir des effets importants sur les exportations, la localisation des investissements, la santé de l'industrie, d'où la forte incitation à y recourir. Prenons l'exemple de l'Espagne depuis 2009. Le freinage des salaires et l'augmentation de la productivité ont favorisé une amélioration significative de la compétitivité-coût par rapport aux autres pays de la zone euro (le ratio masse salariale [y compris charges sociales]/valeur ajoutée est tombé à 0,57, contre 0,62 pour la France et l'Italie, et 0,67 pour l'Allemagne). On a bien observé de l'autre côté des Pyrénées le redressement des exportations et de l'emploi industriel, l'amélioration du commerce extérieur vis-à-vis des partenaires et une remontée spectaculaire de l'investissement, réalisée largement au détriment des autres pays de la zone euro.

L'efficacité d'une politique de baisse des coûts salariaux dans une union monétaire fabrique donc une forte incitation à s'en servir, quitte à ignorer les dégâts collatéraux provoqués dans les économies voisines. Une évidence qui peut être lourde de conséquences : impossibilité de coordonner les politiques économiques qui ont des effets sur la compétitivité-coût (politiques salariales, politiques fiscales...) ; transfert des activités délocalisables (industries, services aux entreprises) vers les pays qui mènent ces politiques de baisse des coûts ; risque d'équilibre non coopératif déflationniste si plusieurs pays s'aventurent dans de telles politiques.

Un fédéralisme des petits pas

Mais la principale pomme de discorde reste le fédéralisme. L'idée est aujourd'hui rejetée sans autre forme de procès par de nombreux pays ; et, en même temps, on sent bien que, pour désamorcer la défiance croissante des opinions vis-à-vis de l'Europe, il faut à l'Europe un nouveau projet susceptible de proposer une perspective positive et de donner le sentiment que la construction européenne avance dans le bon sens. Or, à nos yeux, seul un projet de nature fédéraliste pourra lutter contre l'approfondissement irrésistible des inégalités qui menace, au premier chef, l'avenir du continent.

À ce stade, il est utile d'élaborer un mini-scénario d'économie-fiction afin de se demander à quoi ressemblerait une zone euro fédérale et ce que nous pourrions en attendre.

Outre la coordination des politiques économiques lorsqu'elle est nécessaire, la zone euro doit être dotée de moyens d'action à la hauteur des enjeux : un budget digne de ce nom, un fonds européen d'investissement aux poches suffisamment profondes pour stimuler significativement l'investissement, la mise en commun de certains aspects de la protection sociale (on peut penser ici à un système commun d'assurance-chômage qui transférerait évidemment des revenus des pays à chômage faible vers les pays à chômage élevé, ou à l'instauration d'un revenu minimum européen). Les transferts contribueraient à soutenir la consommation dans la zone euro, et une progression plus rapide de la consommation stimulerait à son tour l'investissement.

Si la zone euro était un État fédéral, la solidarité entre les pays, l'intégration des marchés de capitaux, l'existence de banques paneuropéennes, faciliteraient aussi la mobilité des capitaux entre les pays de la zone ; l'excès d'épargne allemand financerait l'investissement des autres pays, contribuant du même coup à leur redressement. À la limite, si tout l'excès d'épargne était prêté à l'intérieur de la zone euro, l'excédent courant de la zone euro disparaîtrait (en 2016, la balance courante de la zone euro présente un excédent de 3 % de PIB) et le taux d'investissement de la zone serait accru de 3 points de PIB.

Si la zone euro était un État fédéral, sa solvabilité budgétaire (autrement dit, le ratio dette publique [en % du PIB valeur] x PIB en valeur [en % an]/100) serait évaluée pour l'ensemble de la zone. Une solvabilité budgétaire de 2,5 % et un déficit public de 2 % donneraient une marge de manœuvre de 0,5 point et permettraient une augmentation de l'investissement public de l'ordre de 0,5 point de PIB compatible avec la bonne santé des comptes publics.

Si la zone euro était un État fédéral, la consommation serait plus robuste grâce aux transferts, ce qui stimulerait l'investissement : l'investissement des entreprises serait plus élevé grâce à la mobilité des capitaux ; l'investissement public serait également dopé, puisque la solvabilité budgétaire serait jugée sur l'ensemble de la zone euro. Les travaux empiriques montrent que l'investissement des entreprises a un effet plus important que l'investissement public sur la productivité. Selon nos calculs, on peut estimer qu'un redressement dans la zone euro de 3 points de PIB de l'investissement productif et de 0,5 point de PIB de l'investissement public augmenterait les gains de productivité et la croissance potentielle de 0,7 point par an.

Certes, de l'avis de la plupart des experts, la probabilité que soit mise en place une organisation institutionnelle fédéraliste frôle aujourd'hui le zéro. Toutefois, il nous semble que le contexte actuel pourrait offrir une opportunité de rapprocher les points de vue. Il faut en effet se souvenir que, au début de la décennie 1990, l'explosion du SME avait conduit l'Allemagne de Helmut Kohl à finir par accepter, malgré ses réticences, la création de l'euro en 1999. Berlin n'avait pas voulu courir le risque pour l'économie allemande de voir ses partenaires européens entreprendre de mener une politique de dépréciation agressive de leurs monnaies. Aujourd'hui, les dirigeants allemands ne sont pas insensibles à celui de voir certains de leurs partenaires de la zone euro faire sécession en raison des trop grandes contraintes associées aux règles européennes. Il n'est pas inimaginable que, pour éviter d'avoir à gérer l'isolement d'un pays dont le taux de change serait surévalué, l'Allemagne d'Angela Merkel accepte à son tour de faire quelques petits pas *a priori* contraires à ses principes, qu'il s'agisse du niveau des déficits publics, de la relance budgétaire, de la politique monétaire menée par la BCE ou d'une dose de fédéralisme destinée à réduire les inégalités de revenus entre les différents pays. En tout cas, la situation actuelle rend l'hypothèse plausible. À condition que ses partenaires fassent eux aussi un bout de chemin et s'engagent en contrepartie à respecter les règles – un point non négociable pour Berlin.

Il est impossible de ne pas tenir compte de la position allemande – comme de celle, d'ailleurs, des pays du nord de l'Europe – et de son approche de la gestion de la zone euro « par les règles » (déficits, endettement, etc.). En revanche, il est souhaitable d'obtenir un accord sur la mise en place en zone euro d'instruments de gestion contracyclique qui viendraient soutenir les pays dans les périodes de difficulté, mais seraient « rechargés » dans les périodes de croissance. On peut imaginer, par exemple, un fonds de stabilisation qui pourrait être utilisé sur la base d'un certain écart entre le niveau de chômage et le chômage structurel, ou de l'écart entre l'*output gap* du pays concerné et celui de la zone euro (l'*output gap* mesure l'écart entre le niveau effectif de la production et son niveau potentiel, c'est-à-dire le niveau de production durablement soutenable sans tensions inflationnistes). Ainsi, un pays reçoit des transferts du fonds de stabilisation si, en matière de chômage ou d'activité, l'écart est plus ouvert que la moyenne de la zone euro, ce qui signifie que sa conjoncture est plus mauvaise que celle de l'ensemble de la zone. Il s'agit d'un dispositif que l'on peut qualifier de fédéraliste contracyclique, qui favoriserait le lissage des cycles dans l'ensemble des pays de la zone euro.

Il nous semble qu'un tel fonds pourrait constituer une première étape de type fédéral acceptable par les pays du nord de l'Europe, y compris l'Allemagne, surtout s'il est associé à l'instauration de règles crédibles de politique économique, dans la mesure où il ne s'agit pas d'un système de transferts permanents, mais d'un fonds autofinancé, où chaque pays est alternativement payeur et receveur. Il s'agit d'un outil qui normalement s'autofinance dans le temps, puisque les pays naviguent alternativement au-dessus et au-dessous de l'écart moyen en zone euro. Autant Berlin est vent debout contre l'idée de la création d'un fonds d'harmonisation du chômage (transferts permanents), autant il pourrait peut-être adhérer à la mise en place d'un tel mécanisme.

Il ne s'agit pas de créer une zone euro fédérale au sens classique du terme, mais de lui donner certains outils susceptibles de lui permettre d'évoluer progressivement vers une approche qui favoriserait la réduction des inégalités, donc la solidarité au sein de la zone euro, et qui, *in fine*, serait profitable à tous. Mais, pour avoir un espoir de progresser dans cette voie, encore faut-il se donner les meilleures chances de trouver les consensus qui font avancer – ce qui suppose, selon nous, de ne pas se tromper de locomotive. Un mot, maintenant, sur l'équation politique qui nous paraît la plus à même de relancer la zone euro.

Le mythe du couple franco-allemand

Chaque fois que l'Europe est en crise, on évoque en France la nécessité de s'appuyer sur la force de proposition qu'est censé représenter le « couple franco-allemand » pour imaginer et mettre en place les réformes qui s'imposent. Nous pensons que cette approche relève davantage du mythe politique que de la réalité et ne constitue plus, en tout cas, la configuration politique optimale pour espérer refonder la zone euro en profondeur.

La France et l'Allemagne ont, en effet, des structures économiques très différentes. L'Allemagne est une économie industrielle haut de gamme, où la crainte du vieillissement a favorisé la constitution d'une épargne domestique très importante. La France est une économie de services, associée à une industrie de moyenne gamme et affectée d'un déficit extérieur chronique. À partir de là, les objectifs de politique économique des deux pays ne peuvent que diverger : la France a besoin d'une monnaie faible (forte sensibilité aux prix du commerce extérieur) quand l'Allemagne a besoin au contraire d'une monnaie forte (faible sensibilité aux prix du commerce extérieur). De la même manière, l'Allemagne est amenée à défendre ses prêteurs (d'où l'exaspération face à la politique de la BCE), la France ses emprunteurs.

La France et l'Allemagne ont également des visions différentes du fonctionnement institutionnel de la zone euro. De ce côté-ci du Rhin, la majorité de l'opinion publique, des hommes politiques, des économistes pensent que, sans fédéralisme, la zone euro finira par se disloquer en raison des inégalités croissantes associées à des spécialisations productives très différentes selon les pays. Ces inégalités croissantes menacent en effet d'être de plus en plus politiquement inacceptables, d'où le risque d'éclatement de l'euro s'il n'y a pas de transferts des pays les plus riches vers les pays les plus pauvres, c'est-à-dire une dose suffisante de fédéralisme pour les réduire.

Mais, outre-Rhin, la vision est toute différente. L'opinion comme les élites allemandes considèrent que l'hétérogénéité des pays peut être évitée et que, pour ce faire, il suffit que chacun se conforme aux règles communes de politique économique, en particulier aux règles budgétaires limitant les déficits publics et aux règles d'ajustement des coûts salariaux (dévaluations internes), afin de lutter contre la divergence des compétitivités.

Il s'agit là de la confrontation de deux philosophies de l'Union : d'un côté (le français), une Union faite de solidarité grâce au fédéralisme ; de l'autre (l'allemand), une Union fondée sur le respect des règles, contrepartie des bénéfices de la monnaie unique. Et, dans ces conditions, il paraît bien délicat d'espérer faire du couple franco-allemand « la » force de proposition qui va permettre à l'Europe de se refonder.

En outre, pourquoi exclure l'Italie et l'Espagne du leadership de cette Europe-là ? Cela nous paraît constituer à la fois une erreur politique et une erreur économique. Sur le plan politique, Matteo Renzi, le président du Conseil italien jusqu'en décembre 2016, est exaspéré tant par l'absence de réponse européenne au problème migratoire et à celui du ralentissement économique que par la désinvolture du tandem Paris-Berlin, toujours prompt à s'appuyer, de manière trop exclusive, sur le moteur franco-allemand en ignorant les propositions de leurs partenaires européens.

Or, sur le plan économique, Matteo Renzi estime qu'il y a urgence à « admettre que l'austérité européenne a échoué ». L'expérience vécue par les pays du Sud a démontré à ses yeux que celle-ci ne permet ni de relancer l'activité ni de réduire les dettes publiques. Suffisamment pour convaincre Rome de la nécessité de changer le logiciel de la gouvernance économique en zone euro. L'Italie, d'ailleurs, a déjà formulé des propositions qui ménagent les craintes allemandes en pointant la nécessité de « poursuivre les réformes », mais ouvrent aussi des pistes : approfondir l'union bancaire afin de « renforcer la confiance et la stabilité du système », mettre en place un système commun d'assurance-chômage et un budget digne de ce nom capable de piloter des investissements contracycliques, favoriser les économies d'échelle, accroître l'intégration et introduire « plus de symétrie dans les ajustements macroéconomiques » – ce qui, en français ordinaire, signifie que l'excédent courant de certains pays comme l'Allemagne n'est pas un signe de bonne santé économique, mais traduit un excédent d'épargne qui serait plus utile s'il était investi dans des projets susceptibles de doper la croissance future.

Alors que Rome comme Madrid n'ont pas hésité à mener des réformes courageuses au cours des dernières années, notamment sur le front du marché du travail, réformes qui ont facilité le redémarrage de l'emploi, Matteo Renzi comme Mariano Rajoy estiment que ces efforts consentis sont ruinés par l'apathie des dirigeants européens. Le président du Conseil italien supporte mal l'enchaînement stérile des sommets, comme celui de Bratislava en septembre 2016 (autant d'« occasions perdues », affirme-t-il), et ce qu'il considère comme l'absence de solidarité du couple franco-allemand, tant sur la question de l'immigration que sur celle de la croissance. Une analyse qui nous ramène à notre point de départ : pour se sauver, l'Union européenne, et singulièrement la zone euro, doit retrouver l'esprit de solidarité des grands moments de l'histoire du continent – et, pour le moment, on en est encore loin.

Conclusion

En finir avec la démocratie « invisible »

Première expérience historique de l'intégration d'un continent fondée sur le droit, le marché et la liberté, l'Union européenne n'a pas tenu ses promesses. Censée garantir prospérité, bien-être et stabilité, l'Europe, et en particulier la zone euro, cumule croissance molle, surendettement et sous-compétitivité – un glissement progressif qui se traduit par un amaigrissement de 25 à 18 % de son poids dans le PIB mondial, et de 18 à 15 % dans les échanges commerciaux internationaux (hors échanges intrazone), depuis le début du siècle. La pente est forte !

Surtout, l'Europe a fait la démonstration de son incapacité à gérer les chocs tant internes qu'externes. Non seulement les tensions financières et monétaires de la dernière décennie n'ont pas relancé le processus d'intégration en incitant l'Union à coordonner les décisions de politique économique, à mettre en place une solidarité budgétaire et fiscale, à harmoniser les politiques salariales et sociales, mais elles ont au contraire provoqué un repli des États sur des stratégies nationales. Un carburant inespéré pour tous ceux qui rêvent de voir la construction européenne voler en éclats.

Pour toutes les raisons évoquées, nous ne croyons pas pour autant à une « sortie » de l'euro, dont le coût serait incalculable et qui, d'ailleurs, n'est pas (ou, en tout cas, pas encore) souhaitée par une majorité d'Européens. Les sondages réalisés régulièrement montrent qu'une majorité d'entre eux (55 % en 2015) ne remettent pas en cause le bien-fondé de l'« appartenance » à l'UE, ni l'idée que leur pays en a bénéficié. Un étiage qui, avec des hauts et des bas, n'a pas bougé en dix ans. Bref, malgré tout, les Européens restent convaincus que l'on peut faire mieux ensemble que tout seul. En revanche, et ceci est plus inquiétant, on observe une forte dégradation de l'indicateur de « confiance » dans la capacité de l'Union et de ses dirigeants à relever les défis du futur. Largement majoritaire en 2007, la confiance déclarée dans l'UE s'est effondrée à 32 % en 2015[1] et l'on peut imaginer que la question migratoire,

1. « L'UE malgré tout ? Les opinions publiques européennes face aux crises (2005-2015) », Notre Europe/Institut Jacques Delors, juin 2016.

devenue une source de préoccupation majeure en 2016, l'a entamée encore un peu plus.

L'ÉCHANGE MARCHAND NE SUFFIT PAS

Les détracteurs de la construction européenne ont donc au moins raison sur un point : non seulement une autre politique européenne est possible, non seulement elle est souhaitable, mais il y a urgence à la mettre en œuvre. D'autant que ce processus ne pourra se faire qu'à petits pas, à la faveur de compromis successifs entre États membres. On ne peut ignorer d'où nous venons : la construction européenne est portée par des États nourris, depuis le traité de Westphalie, par une conception fondamentalement souverainiste (l'État-nation) de l'Histoire. Tout projet visant à transcender le cadre national est, par définition, long et délicat à mettre en chantier, même s'il s'agit probablement de la seule voie possible pour consolider la place de l'Europe dans la mondialisation.

Pour amorcer cette nouvelle étape, un premier constat s'impose. Le rêve des pères fondateurs de voir l'intégration des systèmes économiques et sociaux conduire progressivement mais inéluctablement à l'intégration politique (les « solidarités de fait », de Robert Schuman) ne s'est pas concrétisé. L'échange marchand ne saurait suffire à cimenter l'Union.

Or, il n'existe encore ni récit, ni identité, ni peuple européens susceptibles de porter le sentiment d'appartenance à un espace commun, et cela constitue désormais un obstacle sur la voie d'une intégration économique et sociale à la fois plus démocratique, plus efficace et moins inégalitaire, capable d'offrir des perspectives de prospérité et de bien-être aux générations futures. Parce que le politique, l'économique et le social sont indissociablement liés, une nouvelle étape de la construction européenne ne sera possible qu'avec une profonde réforme des institutions politiques et de la gouvernance.

Vu l'ampleur de la crise, la génération actuelle des dirigeants doit d'abord consacrer toute son énergie, toute sa volonté politique, à empêcher que l'Europe ne se défasse. Mais cela ne sera possible que si elle se révèle capable de penser plus loin et de proposer une vision, un projet mobilisateur fondé sur des politiques concrètes, à un peuple européen plus désemparé que jamais.

D'abord, ce qui compte avant tout, ce n'est pas tant l'UE que la zone euro. C'est elle qui peut et doit être la matrice d'une relance de la construction européenne. Tout en sachant que de nombreux accords peuvent par ailleurs être conclus avec les pays de l'UE non membres de la zone euro.

Ensuite, il faut soigner sans attendre les maux dont la zone euro souffre aujourd'hui et qui tiennent autant à certaines malfaçons originelles qu'à la dérive progressive de la gouvernance. Pour ce faire, il faut renouer sans tarder avec l'esprit du principe de subsidiarité, développer une véritable volonté de coopération sur les décisions de politique économique, rétablir la mobilité des capitaux qui seule permettra une allocation efficace de l'épargne dans la zone euro, en finir avec les dérives bureaucratiques et réglementaires, améliorer le fonctionnement du grand marché. Et, *last but not least*, l'Europe doit aussi imaginer un nouveau modèle de croissance qui respecte les valeurs européennes tout en se donnant les moyens de stopper l'appauvrissement de la classe moyenne et l'approfondissement des inégalités associés à la mondialisation. Autant de grands chantiers qui ne peuvent aboutir avec la gouvernance actuelle.

Réformer les institutions en profondeur

La démocratie européenne a besoin d'être revivifiée. Le philosophe Jean-Marc Ferry, titulaire de la chaire de philosophie de l'Europe à l'université de Nantes, pointe les « déséquilibres » qui rendent le fonctionnement de l'Union européenne inacceptable, notamment celui qui s'est installé « entre un gouvernement par les règles et un gouvernement par le consentement du peuple[1] », déséquilibre alimenté par la technobureaucratie et les compromis obtenus par des voies qui ont peu à voir avec la délibération démocratique et publique. Selon lui, « la démocratie, qu'elle soit représentative, participative ou délibérative, est à peu près invisible au niveau européen ».

On voit combien il est urgent de sortir de ces compromis stériles conclus à travers le Conseil européen des chefs d'État et de gouvernement, tandis que chacun fait cavalier seul à la première occasion sur les décisions stratégiques importantes. L'invraisemblable psychodrame autour de la signature de l'accord de libre-échange entre l'UE et le Canada (CETA), orchestré par les dirigeants wallons, en est une des dernières illustrations. Alors que, théoriquement, la négociation commerciale est une prérogative communautaire, on a vu à l'automne dernier la Wallonie et ses 0,45 % (la part qu'elle représente dans le commerce transatlantique avec le Canada) décider pour 500 millions d'Européens, et l'Europe se subdiviser en microrégions aux pouvoirs improbables… Sans parler de la schizophrénie qui s'empare de tel ou tel dirigeant politique, à Paris ou ailleurs, lorsqu'il s'empresse d'accuser Bruxelles de mettre en œuvre une décision à laquelle il a pris part en tant que membre

1. Interview à *Philosophie Magazine*, 25 juin 2016.

du Conseil, quitte à creuser chaque fois un peu plus le fossé entre les espaces politiques nationaux et l'espace politique européen. De même, la Commission européenne, dévorée par la technocratie, n'incarne plus l'intérêt européen. Revoir à la baisse le rôle de l'un et de l'autre au profit d'un Parlement européen qui soit vraiment le parlement de l'Europe, avec des élus au suffrage universel sur des listes européennes, et limiter l'action de la Commission à quelques dossiers clés, conformément à l'esprit originel de l'exercice du principe de subsidiarité, permettrait sans doute de redonner de la visibilité à la démocratie et de mieux associer les peuples aux grandes décisions européennes. Une manière de prendre acte de la résistance qui s'exprime un peu partout quant à la légitimité du processus européen.

L'Europe est moins menacée par le *Brexit* que par le vide politique qu'elle a elle-même sécrété. Pourtant, ses atouts économiques, sociaux et humains sont immenses et suscitent d'ailleurs une forte attente partout dans le monde, où l'on voit volontiers notre continent comme la promesse d'un modèle d'économie sociale de marché unique en son genre, le lieu privilégié d'un équilibre possible entre libertés individuelles, solidarités collectives, creuset culturel remarquable et conscience écologique. Il ne sera pas indéfiniment possible de compliquer à l'envi le processus décisionnel tout en prétendant « faire l'Europe ». Il faut donner un coup d'arrêt à la logique de l'autodestruction et bâtir enfin cette communauté de progrès qui permettra aux Européens de relever le défi que le monde attend (plus que jamais peut-être après l'élection présidentielle américaine) : faire de l'Europe une civilisation.

Table

Introduction

Chapitre I
Quand Bruxelles se mêle de tout et (surtout) de rien

Chapitre II
La malédiction des pays périphériques

Chapitre III
La fourmi n'est pas prêteuse

Chapitre IV
Le poison du dogmatisme

Chapitre V
Le grand marché unique : la grande illusion !

Chapitre VI
Par ici la sortie ?

Chapitre VII
Des solutions existent

Conclusion
En finir avec la démocratie « invisible »

Déjà parus dans la collection
dirigée par Olivier Pastré

La Société translucide, Augustin Landier et David Thesmar
Le Choc des populations. Guerre ou paix, sous la direction de Pierre Dockès et Jean-Hervé Lorenzi
La Guerre des empires. Chine contre États-Unis, François Lenglet
On nous ment. Vérités et légendes sur la crise, Olivier Pastré et Jean-Marc Sylvestre
La France sans ses usines, Patrick Artus et Marie-Paule Virard
Repenser l'économie. L'économie bottom-up, Olivier Pastré
Les Apprentis sorciers. 40 ans d'échecs de la politique économique française, Patrick Artus et Marie-Paule Virard
Le Vilain Petit Qatar. Cet ami qui nous veut du mal, Nicolas Beau et Jacques-Marie Bourget
Tout va bien (ou presque), Olivier Pastré et Jean-Marc Sylvestre
Et si le soleil se levait à nouveau sur l'Europe ?, sous la direction de Christian de Boissieu et Jean-Hervé Lorenzi
Guerre et Paix entre les monnaies, Jacques Mistral
Croissance zéro. Comment éviter le chaos ?, Patrick Artus et Marie-Paule Virard
La Folie des banques centrales. Pourquoi la prochaine crise sera pire, Patrick Artus et Marie-Paule Virard
L'Immigration en France. Mythes et réalités, E. M. Mouhoud

Composition réalisée par Belle Page

PAPIER À BASE DE
FIBRES CERTIFIÉES

Fayard s'engage pour
l'environnement en réduisant
l'empreinte carbone de ses livres.
Celle de cet exemplaire est de :
0,450 kg éq. CO_2
Rendez-vous sur
www.fayard-durable.fr

68-0004-7/01
Dépôt légal : janvier 2017
Imprimé en Espagne par Industria Gráfica Cayfosa